부동산 사기 당할래? 피할래?

부동산 사기 당할래? 피할래?

발행일   2015년 5월 15일

지은이   장 중 호
펴낸이   손 형 국
펴낸곳   (주)북랩
편집인   선일영   편집   서대종, 이소현, 이탄석, 김아름
디자인   이현수, 윤미리내   제작   박기성, 황동현, 구성우
마케팅   김회란, 박진관, 이희정
출판등록   2004. 12. 1(제2012-000051호)
주소   서울시 금천구 가산디지털 1로 168, 우림라이온스밸리 B동 B113, 114호
홈페이지   www.book.co.kr
전화번호   (02)2026-5777   팩스   (02)2026-5747

ISBN   979-11-5585-590-4 03320(종이책)   979-11-5585-591-1 05320(전자책)

(CIP제어번호 : CIP2015013716)

부동산 사기
당할래?
피할래?

장중호 지음

소중한 부동산 재산을
안전하게 지켜
행복한 삶이 흔들리지 않기를
바라는 마음

북랩 book Lab

prologue

10여 년 전, 첫 사업에 실패하고 무작정 뛰어들었던 분야가 부동산 경매였다. 모든 용어가 낯설고 어려웠지만 수십 번의 실패 끝에 2009년 처음으로 작은 상가를 낙찰받았다. 그 와중에 부모님이 부동산 사기를 당할 위기에서 빠져나오게 되었으며, 조카가 세 들어 살던 아파트가 경매에 들어가서 낙찰받게 도와줄 수 있었다.

그리고 일련의 과정에 부동산에 대한 지식은 단지 재테크의 수단이 아니라 <u>생활의 기본 상식</u>이라는 생각이 들었다.

그 이후 5년 동안 경매를 하다 보니 두 가지가 눈에 들어왔다. 먼저, 부동산을 잘 모르는 세입자들이 억울하게 사기를 당해서 보증금을 떼이는 상황과, 매매 및 분양 등의 사기를 당해 가족이 해체되는 상황까지 이르는 사회문제가 바로 그것이었다.

이런 문제들이 세상을 함께 살아가는 사람들의 공통된 걱정과 고민이라는 생각에, 그런 사기 사례와 대처 방법들을 모아 책을 쓰고 많

은 이들이 읽는다면 사기를 미연에 방지할 수 있지 않을까? 그리고 그
것이 사회생활을 시작하는 청년들에게 특히 도움이 될 수 있겠구나,
뭐 이런 취지였다.

강신주 박사의 『매달린 절벽에서 손을 뗄 수 있는가?』라는 책에 이
런 글이 있다.

"자기 삶을 지킬 수 있는 힘과 자기 미래를 결정할 수 있는 자유가
없다면 우리는 아무리 나이를 먹어도 본질적으로는 어른이 될 수 없
음을, 그리고 힘과 자유는 나이에 따라 주어지는 것이 아니라 우리가
용기를 갖고 싸워 얻어야 하는 것임을."

재테크의 기본은 자산을 불리는 것이 아니라 자산을 지키는 것이
다. 자산을 불리는 것은 그 이후에도 가능하다. 소중한 자산을 잃어
버리지 않아야 한다. 나와 우리 가족이 모두 불행해지지 않기 위해!

contents

· prologue 04

· 부동산 사기 남 일이 아니다 08

Chapter 1 전세·월세 사기 유형과 대처법

01 이중 계약 사기(중개업소) 14

02 이중 계약 사기(소유주) 24

03 중개인 사기(A, 가짜 계약) 28

04 중개인 사기(B, 신분증 위조 & 중개업소 개설) 30

05 월세, 전세 계약자 집주인 행세 사기 33

06 부동산 중개업을 할 수 없는 무자격자의 사기 38

07 대출 많은 부동산 집주인의 임대 사기 41

08 소유주의 대출 이용 사기 46

09 미분양 부동산 이용 대출 사기 62

10 '에프터리빙제(프리리빙제)' 사기 69

11 불법 건축물 임대 사기 79

12 합법적으로 당하는 사기 86

Chapter 2 부동산 매매 사기 유형과 대처법

01 개인 간 부동산 매매 사기 ·········· 104

02 부동산 중개 사기 ·········· 127

03 기획부동산 사기 ·········· 131

04 뉴타운 재개발 사기 ·········· 154

05 분양 사기 ·········· 173

Chapter 3 경매 사기 유형과 대처법

01 교육, 투자 사기 ·········· 200

02 경매브로커 컨설팅 사기 ·········· 209

Chapter 4 꼭 알아야 할 부동산 상식

01 주택임대차보호법 ·········· 218

02 임대차계약 분쟁 법률 지식 ·········· 236

03 부동산경매 진행 절차 ·········· 242

04 부동산 정보 관련 홈페이지 ·········· 245

· epilogue ·········· 247

부동산 사기 남 일이 아니다

네이버 포털에 '부동산 사기'라는 검색어를 치면 위의 화면처럼 엄청
난 양의 질문들이 나타난다. 세상의 모든 이들이 남의 돈을 탐하지
않고 착하게 살면 좋겠지만 세상은 험난하다. 강한 자가, 정보를 많이
가지고 있는 자가, 약하고 정보에 어두운 이들을 속여 자신들의 이득
을 취한다.

대한민국은 사기공화국이다. 대법원에서 내놓은 '2013년 사업연감' 자료를 보면 사기와 공갈 범죄가 얼마나 많은지 알 수 있다. '나만 안 당하면 되지!'라고 할 수도 있겠지만 준비하지 않고 부족한 정보는 언제든지 사기꾼들의 표적이 될 수밖에 없다.

형사공판사건 중요죄명별 - 접수 (표 85) **(2013년)**

죄명	합계	제1심	항소심	상고심
합계	357,556	270,469	67,025	20,062
형법범 계	163,512	118,426	35,238	9,848
성풍속에관한죄	1,376	1,163	172	41
도박과복표에관한죄	2,432	1,851	505	76
상해와폭행의죄	26,501	20,477	4,821	1,203
강간과추행의죄	5,750	4,317	1,089	344
절도와강도의죄	17,918	13,585	3,427	906
사기와공갈의죄	54,866	38,483	12,824	3,559
횡령과배임의죄	9,660	6,506	2,491	663
기타	45,009	32,044	9,909	3,056
특별법범 계	194,044	152,043	31,787	10,214
교통사고처리특례법	12,356	10,490	1,631	235
국가보안법	252	124	68	60
도로교통법	28,728	24,562	3,487	679
부정수표단속법	966	738	181	47
식품위생법	2,044	1,730	258	56
특정범죄가중처벌등에관한법률	17,515	12,838	3,639	1,038
폭력행위등처벌에관한법률	23,122	17,362	4,586	1,174
기타	109,061	84,199	17,937	6,925

대한민국 범죄 유형별 공판사건

[부동산사기! 당할래? 피할래?]

개인 간의 거래는 물론이고 기업들도 서민들의 전 재산을 자신들의 지속 가능한 경영에 이용한다. 내가 살기 위해서는 어쩔 수 없다는 자위적 명분으로 피해를 입은 이들이 이후 감당해야 할 여러 가지 고통은 나 몰라라 한다.

이 책을 읽은 독자들이 책의 마지막 페이지를 덮을때 기억해 두었으면 하는 것이 있다. 그것은 계약서 하나, 이상한 조항 하나 챙기는 것이 재테크에 욕심내어 강자들에게 휘둘리는 것보다 훨씬 중요하다는 것을 말이다.

재테크가 아닌 그저 작은 보금자리 하나 마련해서 잘 살아 보겠다는 소시민의 꿈을 밟아버린 사기 사건들은 다 헤아리기도 어려울 정도로 많다. 왜 이런 상황이 진행되는지 자세히 알아야 한다. 돈이 오가는 곳에는 어디나 사기꾼들이 도사리고 있으며, 그들의 치밀함을 일반인들은 당할 수 없다.

〈출처: 한국저작권위원회 공유마당 이미지〉

부동산 계약서에 도장이나 서명을 하기까지는 고려해야 할 사항이 한두 가지가 아니다. 그런데 대한민국 사회는 누구도 이런 것에 대해 알려주는 이가 없는 게 현실이다.

대학을 나와 토익, 토플, 어학연수 등 온갖 자격조건을 갖추기 위해

몇백만 원에서 수천만 원까지 투자하는 이들이 '부동산등기부등본'은 어떻게 봐야 하는지 모른다.

책을 쓴 저자는 부동산 전문가는 아니다. 10여 년의 부동산 투자의 현장에서 바라본 사회문제를 가슴속에 남겨 두기 힘들었기 때문에 용기를 낸 것이다. 이 책을 읽은 독자들이 소중한 부동산 재산을 안전하게 지켜 행복한 삶이 흔들리지 않기를 바라는 마음이다.

Chapter 1
전세·월세 사기 유형과 대처법

01 이중 계약 사기(중개업소)

02 이중 계약 사기(소유주)

03 중개인 사기(A, 가짜 계약)

04 중개인 사기(B, 신분증 위조 & 중개업소 개설)

05 월세, 전세 계약자 집주인 행세 사기

06 부동산 중개업을 할 수 없는 무자격자의 사기

07 대출 많은 부동산 집주인의 임대 사기

08 소유주의 대출 이용 사기

09 미분양 부동산 이용 대출 사기

10 '에프터리빙제(프리리빙제)' 사기

11 불법 건축물 임대 사기

12 합법적으로 당하는 사기

01
이중 계약 사기(중개업소)

가장 흔한 사기 유형 중에 하나는, 주거용 건물(오피스텔, 원룸) 등을 임대하면서 소유주들은 건물 관리인을 따로 두는 경우가 많다. 소유주는 귀찮은 세입자 관리를 누군가 해줘서 좋고, 관리인은 이런 귀찮은 일을 대신하면서 중개와 관리를 동시에 할 수 있기 때문에 소유주와 관리인이 모두 만족하는 누이 좋고 매부 좋은 상황으로 일이 진행된다.

이때 권리를 위임받은 관리인(주로 부동산 사무소)이 임대인에게는 월세로 계약을 한다면서, 임차인에게는 전세계약을 맺어 중간에서 전세보증금을 가로채는 방식이다. 건물 관리인에게 임대인의 인감증명서, 도장, 통장을 맡기고 임대차 관리 및 전월세 보증금 관리까지 전체적으로 위임한 경우 이런 사기가 시작된다. 임차인 입장에서도 위임계약을 체결할 경우 반드시 소유자와의 통화 등을 통해 위임 여부 및 계약 조건 등을 확인해야 한다.

"월세를 전세로 둔갑시켜 5억 '꿀꺽'"

2013년 9월 3일 MBN 뉴스

집주인이 월세로 내놓은 집을 전세로 바꿔 수억 원을 가로챈 부동산 관련업자가 적발됐습니다. 부동산 중개업소에서 자격증 없이 보조로 일하며, 대학생들을 상대로 5억 원을 챙겼습니다.

월세계약서를 전세계약서로
바꿔치기

【기자】

올해 대학 3학년에 복학하는 김 모 씨. 월세 없이 전세금 3천5백만 원만 내면 입주할 수 있는 오피스텔을 계약했습니다.

- "저희는 전세면 무조건 좋죠. 갑자기 전세가 나왔다면서 그 집으로 이사하겠느냐? 그래서 저희는 당연히 그 집으로 가겠다고…"

하지만 사기였습니다. 집주인이 월세로 내놓은 집을, 부동산에서 전세로 바꿔치기한 겁니다.

52살 김 모 씨는 부동산 중개업소에서 보조로 일하며, 이런 수법으로 오피스텔 17채를 계약해 전세금 5억 원을 가로챘습니다. 집주인에게는 월세를 꼬박꼬박 보냈고, 세입자에게는 이중 계약서로 의심을 피했습니다.

- "계약서를 (한자리에서) 동시에 안 쓰고 따로 계약서를 체결해서 보내주니까 부동산을 믿고…."

경찰은 김 씨를 구속하고, 부동산 중개업자와의 공모 가능성 등을 추가로 조사하고 있습니다.

"계약서를 양쪽 당사자가 동시에 있는 자리에서 쓰지 않고 따로 계약서를 써서 보여주니까.... 부동산을 믿고....."

사례 2

"김광규 전세 사기 경험, '부동산이 도주… 재판 비용까지 날려'"

2013년 11월 8일 스타투데이

배우 김광규가 전세 사기 경험을 고백했다. 지난 7일 방송된 KBS2 '해피투게더3'(이하 해투3)는 '팔랑귀 특집'으로 꾸며져 김광규, 김지훈, 김지민, 장미여관 육중완, 천명훈이 출연했다.

이날 김광규는 "팔랑귀냐?"라는 질문에 "살짝 팔랑귀다. 사기를 많이 당했다"라고 말문을 열었다.

이어 "북가좌동에 잘 살고 있었는데 강남에서 사업을 하는 어떤 분이 '연예인이 강남 살아야지'라고 해서 강남으로 전세를 얻었다. 그 집에서 사기를 당했다"고 당시 상황을 설명했다.

김광규는 "부동산 사장님이 월셋집을 저에게 전세를 놓은 것이다. 제 전세금을 들고 도주했다"고 말해 놀라움을 자아냈다. 이어 "6개월 동안 잘 살고 있었는데 집주인이 월세를 받으러 왔더라. 결국 3년간 재판을 했는데 올 3월에 졌다. 재판 비용도 날렸다"고 털어놔 안타까움을 자아냈다.

🛡 사기 대처법

이런 유형의 사기는 보통 전세가가 비슷한 부동산 물건과 비교해 보았을 때 가격이 낮다. 그래야 사기 부동산에 많은 이들이 유인되기도 하겠지만, 어리숙한 초보 세입자들이 잘 파악하지 못하는 것을 사기꾼들은 잘 알고 있기 때문이다. 곧, 시세와 비교해서 싸면 의심해야 한다!

부동산을 소유하는 이들은 주변 시세에 밝기도 하지만 주변 시세보다 낮은 전세 보증금으로 내놓는 경우는 흔하지 않다. 나중에 기술하겠지만 소유주가 말도 안 되는 낮은 전세가로 내놓는 물건도 더러 있는데 이건 역시 경매 위기 직전일 가능성이 높기 때문에 계약하면 고생을 경험하게 된다.

그리고 계약 전에 부동산 소유주와 통화가 되지 않는다거나, 이런저런 핑계(외국에 있다거나, 병원에 입원)로 통화가 어렵다고 한다면 계약하지 않는 것이 최선이다. 일이 제대로 자연스럽게 되지 않는 것은 항상 문제가 발생하기 때문이다. 그래도 꼭 그 물건을 계약을 해야 한다고 한다면, 다른 근처 부동산에 가서 비슷한 가격과 평수의 물건인지(정상적으로 소유주와 계약이 가능한)를 보고 계약해야 한다.

배우 김광규 씨의 경우는 아마도 보증금을 소유주에게 직접 송금하지 않고 부동산 중개인에게 주었을 것이다. 단역배우로 13년여 동안 땀 흘리며 어렵게 번 돈인데 너무 쉽게 사기를 당했다.

요즘 아파트는 반 전세가 늘어나서 웬만하면 보증금이 억이 넘는다. 확인할 것(위임장의 진위 여부와 소유주와 통화)은 꼭 확인하고, 지킬 것(소유주와 대면 거래 및 소유주 명의 통장으로 송금)은 지켜야 소중한 자산을 강탈 당하지 않는다.

 * 판례에 따르면 이 경우 임대인(부동산 소유주)의 책임도 60% 이상 으로 산정하고 있기 때문에 임대인 역시 부동산 계약을 위임하는 데 신중을 기해야 한다.

예를 들어, 위임장에 '월세계약에 한함' or '전세계약 시에는 소유주 의 동의를 얻을 것' 등을 명시해야 한다. 그러나 김광규 씨의 재판 결 과로 보면 모두 그런 판례에 따른다고 보기 어려운 것이니 임차인의 사기 예방이 더욱 중요하다. 임차인이 이런 사기 피해를 당했을 경우 돌려받을 수 있는 보증금은 40%밖에 되지 않는다.

아래 법원 판례를 보면 모든 거래 당사자들(임대인 60%, 중개인 20%, 임차 인 20%)에게 책임이 있다고 판결했다.

[판례] 수원지방법원 안산지원 2006가단17041 전세 보증금

I. 사건개요

원고 임차인 황OO는 2004. 8. 3. 경기도 시흥시 정왕동의 다가구주택인 원룸에 대해 임대인 김OO의 대리인 신OO와 2004. 8. 6.부터 1년간 임대차계약을 체결하였다. 황OO는

상기 임대차계약에 따라 임차 보증금 25,000,000원을 임대인에게 지급하고 입주하여 생활하던 중 기간 만료로 인한 보증금 반환을 요구하자 임대인 김OO는 관리인이자 임대인의 대리인 신OO가 사문서 위조 등으로 처벌받자, 본인의 서명·날인 없이 체결된 계약으로 임대차 보증금 반환을 거부, 이에 임차인 황OO가 대리인 신OO를 형사고소 함과 함께 임대인 김OO와 중개업자인 최OO를 상대로 한 손해배상소송을 제기하기에 이르렀다.

II. 쟁점

가. 임차인 황OO는 주의적 청구 원인으로 임대인인 김OO가 피고인 중개업자 최OO의 중개로 임대인의 대리인이자 관리인인 신OO와 정당한 계약을 체결하였기 때문에 임대차 보증금을 반환하여야 한다고 주장하며,(계약 당시 임대인 김OO의 대리인 신OO라고 현명하지 않고 대리인 신OO가 임대인의 김OO으로 계약함.)

나. 불법행위에 기한 예비적 손해배상청구로서 중개업자인 최OO에게 위 신OO가 사건 건물 외에도 여러 건의 건물을 관리하였으며, 그러한 와중에 타 건물의 계약서를 위조한 혐의로 형사처분까지 받은 사항을 중개업자인 최OO가 익히 알고 있었고, 또한 최OO는 중개업자로서

부동산의 소유자인 피고 김○○가 직접 나와 임대차계약을 체결하지 않고, 대리인이며 건물 관리인인 신○○가 소유자인 김○○의 대리인 자격으로 임대차계약을 체결할 경우, 대리인으로서의 자격이나 갖추어야 할 필요 서류를 중개업자인 최○○가 면밀히 검토·확인한 후 임대차계약이 체결되도록 하여야 할 주의 의무가 있음에도 불구하고 대리인의 자격 요건 등의 확인을 소홀히 하였고, 계약 후 그 내용에 관하여 소유자에게 확인도 하지 아니하여 김○○이 원고인 황○○에게 반환하여야 할 임대차 보증금의 반환을 거부하고 있으므로 중개업자인 최○○가 손해배상을 할 책임이 있다고 주장한다.

다. 중개업자인 피고 최○○는 계약 당시 원고와 중개업자인 피고 최○○는 임대인 김○○의 위임장과 건물관리계약서 및 부동산등기부등본 등을 면밀히 검토, 확인하였고 중개업자인 피고 또한 그 사실을 주지시켰으며, 원고는 그러한 사실을 계약 당시에 숙지하였다고 주장하며(다만, 사본은 첨부시키지 않음), 2004년 8월 4일 중도금을 지불하면서 전입신고 및 확정일자를 득하도록 하였고, 당시 중개업자인 피고 최○○는 주변 중개업소와 건물 임대 관리인들 간에 분쟁의 소지가 있음을 주지하여 임대차계약이 중개 사고로 연루되지 않도록 최선의 확인 사항 및 절차를 다하였으며, 성호주택관리가 2003년부터 사건이 나기 전까지 임대차계약을 체결한 임차인들이나 집주인 어느 누구도 임대차계약에 대해서 일체의 이의 제기도 없었고, 건물 관리에 관한 모든 포괄적 권한을 가지고 지속적으로 관리 업무를 수행해 왔기 때문에 확신을 가지고 업무를 수행하였다고 주장한다.

라. 또한 중개업자인 피고 최OO는 표현대리를 주장하며 가사 위 임대차계약을 체결할 대리권이 인정되지 않는다 하더라도 주의적 피고 김OO는 검찰 진술서에서 신OO에게 임대차계약 체결권 및 보증금 수령권, 월세 징수권 등의 관리 권한을 부여하였음을 진술한바 신OO의 대리 행위가 적법하다고 주장한다.

Ⅲ. 법원의 판단

가. 피고인 신OO는 경기도 시흥시 정왕동에서 △△주택관리사무소를 운영하는 자인바, 정왕동 일대에서 오랜 기간 거주해오면서 외지인 소유의 주택에 대한 계약의 대리, 하자보수, 청소 등의 업무를 위탁받아 위 위임 업무에 종사하였으며, 또한 지역 분위기, 부동산의 흐름, 인맥 등을 이용하여 다수의 부동산에 대해 관리를 해오면서 이를 악용하여 자신의 이익을 좇아 2005. 1. 13.까지 시흥시 일원 등에서 총 53회에 걸쳐 금 472,500,000원을 임의 소비하여 이를 횡령한 전력이 있으며, 동 연

도에 사문서 위조로 한 형사처분을 받은 전력 또한 인정되며, 이 사건 건물의 소유주인 피고 김○○로부터 2003. 3. 14.경부터 건물에 대한 일체의 행위에 대한 권한을 위임받아 권리 행사를 한 점이 인정된다.

나. 위에서 언급한바 임대인 피고 김○○의 신○○에 대한 사용자로서의 불법행위를 인정하되, 원고가 이 사건 주택에 입주하기 전에 소외 고○○가 이 사건 임차주택을 점유하면서 주택에 대하여 임차 보증금 1,000만 원의 주택임차권등기를 경료한 점 등을 감안할 때, 이를 제대로 확인하지 아니한 원고의 과실을 참작하여 원고 황○○는 20%, 임대인인 피고 김○○는 60%, 나머지 20%는 중개업자의 선관주의위반에 대한 과실로서 손해배상을 명한다.

혹시라도 중개 피해를 당했다면 아래 절차처럼 하면 된다.

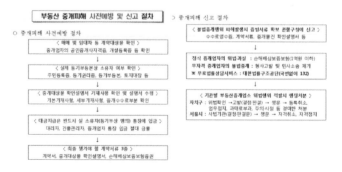

〈출처: 서울특별시 토지정보 홈페이지〉

02
이중 계약 사기_(소유주)

두 번째로, 집주인이 이미 세를 살고 있는 집을 임대하는 것처럼 하고 다른 세입자와 이중 계약을 하는 사기이다. 이 경우는 집주인이 직접 계약을 하는 것이기 때문에 별 의심 없이 계약을 하게 된다. 물론 중개인 없이 직접 계약하게 된다.

사례

"'여유만만' 박준규 아내 '전세 이중 계약 사기 당해' 고백"

2014년 10월 13일 마이데일리

배우 박준규의 아내 진송아 씨가 이사 당시 이중 계약 사기를 당한 경험을 고백했다. 진송아 씨는 13일 오전 방송된 KBS 2TV '여유만만'에 출연해 "이사할 때 악몽 같은 일이 있었다. 사기를 당한 적이 있다"며 "집주인과 집 상태 모두 마음에 들어 아무 생각 없이_(집주인과) 연락처를 주고받았었다"고 말문을 열었다.

진 씨는 "집주인이 '집이 마음에 들면 복비를 아끼자'며 직거래를 제안했다. 그래서 그분과 만나 계약을 했다"며 "이삿날이 돼서 가보니 이미 다른 사람이 그 집에 들어와 있었다. 알고 보니 이중 계약이었다"고 말해 모두를 놀라게 했다. 이어 "그래도 이분이 작정하고 사기를 친 건 아니더라. 집 주소를 보고 찾아갔는데 그분을 만나서 돈을 돌려받고, 저희는 다시 피난민 생활을 했다"며 "그러다 겨우 집을 알아보고 들어가게 됐다"고 말했다.

이 사례는 다행히 보증금을 되돌려 받을 수 있어서 피난민 정도에서 끝났지만, 집주인이 맘만 먹으면 얼마든지 이중 계약으로 사기를 당할 수 있는 상황이다.

이런 사기는 잔금까지 치르지 않은 채 계약금(보증금의 10% 선) 정도에서 사기를 당하는 경우가 흔하고, 그다음으로 보증금 전체를 떼이는 상황도 왕왕 있다. 계약은 개인들의 거래이고 그 거래의 책임도 당사자가 지는 것이다. 법이 있지 않느냐고? 법과 정부가 보증금 지켜주겠지, 라는 안이한 생각을 버려야 한다. 법에 호소하는 상황까지 가면 이미 늦은 것이다.

이처럼 복잡하고 긴 시간이 걸리는 소송을 하다 보면 지치고 포기하는 경우가 허다하다. 그러니 이런 과정을 경험하기보다는 미연에 방지해야 하는 것이다.

🛡 사기 대처법

　진짜 세입자가 이사를 가야 하는 상황이 아니라면 어느 정도 판단
(세입자의 반응)이 설 수 있지만 세입자가 집주인과 한통속인 위장 세입
자인 경우라면 피하기 쉽지 않다.

부동산 소송 절차

1. 원고가 소장을 법원에 제
2. 법원 심의, 미납 & 기재사항 보정명령
3. 소장 접수
4. 소장부본을 상대방에게 전달
5. 상대방의 답변서 제출
6. 피고의 답변을 원고에게 송달
7. 변론준비, 증거조사
8. 조정 화해 권고
9. 판결 송달 및 확정

　이런 유형은 기본적으로 직거래로 진행되기 때문에 일단 직거래를
피하는 수밖에 없으며, 어쩔 수 없다면 계약금을 조금만(보증금의 10%
또는 그 미만) 걸고 입주하는 날 이전 거주자가 이사를 나가는지 확인하
고 잔금을 치르는 것이 가장 현명한 방법이다.

　일반적으로 부동산 중개업소에서도 이런 방식으로 업무를 처리하
기 때문에 전혀 문제가 되질 않는다. 다른 방법으로는 계약서에 특약
사항을 적는 것이다. '계약서의 내용과 상이한 사항이 존재하는 경우
이 계약은 무효로 한다.'라는 내용을 기재하면 두 가지 효과를 볼 수
있다. 하나는, 사기에 대한 책임을 분명히 하는 것이고 다른 하나는

계약 자체를 꺼리거나 특약사항 기재를 하지 않으려 할 것이다.

이후에도 계속 이야기하겠지만 사기는 사람을 믿어서 당하는 것이다. 서류와 기본 절차를 믿어야 하고, 최악의 경우를 대비해서 일을 진행하는 것만이 사기의 피해자가 되지 않는다.

03
중개인 사기(A, 가짜 계약)

사례

네이버 지식iN에 올라온 글이다.

이번에 저희집이 이사를 하게 되었습니다

아파트 전세내주고 저희도 전세로 가려구요...(아파트는 저희겁니다)

부동산 통해서 계약을 하려는데 집주인은 해외로 나가서

만날수가없다고 하더라구요 이상해서 끌다 끌다

1월 4일에 계약하고(**부동산과**) 계약금 1억2천을 넣었습니다

여기서부터 문제가 시작 된거죠 (저희 잘못도 있다고 인정합니다 집주인을 만나지 않고..)

그로부터 2주정도 흐른 오늘 일이 터졌습니다

부동산쪽에서 날라 버린겁니다..(집주인도 서울에 있었구요 해외는 다 거짓말)

그와중 다행인게 오늘 일이 터지기 직전 집주인을 만나서

구두계약을 받았습니다 계약은 이전에 이루어 졌지만

그내용 모두를 인정한다는 형식으로요 (구두계약이라 좀 께림직한거 있습니다)

그런데 일이 터지고 나니 집주인이 나몰라라 하는것입니다

아까 한말은 실언이라고 미친거죠 죽이고 싶습니다

위의 사례도 기본 원칙을 지키지 않은 거래에서 비롯된 것이다. 부동

산 중개인은 두 가지 면에서 거래의 당사자들보다 우위에 있다. 하나는 부동산에 대한 지식과 다양한 거래 경험이고 다른 하나는 중개인이라는 위치가 거래에 대한 무조건적인 신뢰를 받는 존재라는 것이다.

다시 말해서, 부동산 중개인이 마음만 먹으면 초보 세입자쯤은 쉽게 속일 수 있다는 것이다. 물론 부동산 중개업을 하시는 분들이 모두 그렇다는 것은 아니지만 소수의 이런 부류 때문에 더욱 조심해야 하는 것이다. 1억 2천이라는 돈을 중개인에게 준 행위는 설사 그 중개인이 사기를 치려는 의도가 없었지만 인간이기에 다른 마음을 먹었을 수도 있는 것이다.

✅ 사기 대처법

임대차 거래의 기본 원칙(부동산 소유주와 대면, 소유주 명의 통장으로 송금)**을 지킨다면 사기는 예방할 수 있다. 부동산등기부등본에 나온 소유주와 직접 대면하고 소유주의 신분증을 확인한다.**

요즘은 스마트폰이나 폰뱅킹으로도 송금이 가능하니 굳이 은행에 갈 필요도 없다. 부동산 중개인이 횡령의 책임이 있으니 중개인에게 사기 금액을 배상받을 수도 있지만 이런 상황에 중개인이 순순히 그 돈을 낼 리도 없거니와 사기로 고소를 해도 중개인 소유의 재산이 없다면 돌려받을 수 있는 방법은 없다.

04

중개인 사기(B, 신분증 위조 & 중개업소 개설)

사례

"전세 사기 범죄의 재구성"

2011년 1월 17일 머니투데이

영화 '범죄의 재구성'을 보면 소유주를 가장한 부동산 사기가 등장한다. 주인공은 건물 소유주이자 버젓이 영업 중인 성형외과 의사 행세를 해 빌딩을 팔아넘긴다. 이런 수법은 고가의 오피스빌딩이나 토지에 빈번하다. 한탕에 계약자의 돈을 가로채 거액을 챙길 수 있어서다.

하지만 최근에는 이에 비해 액수가 적은 전셋집이 주요 타깃이다. 부동산 경기 침체로 덩치가 큰 물건은 거래가 어렵지만 전세난에 전세 물건은 나오기 무섭게 계약되니 사기꾼들에겐 '블루오션'인 셈이다.

최근 불거진 사례를 재구성해 보면 '꾼'들의 사기

행각은 점점 치밀해지고 있다.

지난해 8월, 서울 역삼동에 2억 7,000만 원짜리 아파트 전세를 얻은 이 모 씨. 그는 두 달 전, 월세가 밀렸으니 집을 비워달라는 황당한 통보를 받는다. 알고 보니 집주인이 아닌 월세계약자 최 모 씨와 이중 계약을 한 것. 최 씨는 이 아파트를 월세로 계약한 후 진짜 집주인의 신분증에 자신의 사진을 붙여 다시 이 씨와 전세계약을 했다.

여기까지는 기존 이중 계약 사기와 동일하다. 하지만 최 씨의 경우 발각될 우려를 없애기 위해 일당과 짜고 아예 중개업소를 차렸다. 사무실에는 컴퓨터 7대를 놓아 계약자를 감쪽같이 속였다. 이런 수법에 당한 피해자는 최근 1년간 모두 20명, 피해액은 30억 원에 달한다. 피해자들은 보증금도 날리고 살던 집에서 쫓겨날 처지에 놓였다.

문제는 이런 경우 계약자들은 속수무책으로 당할 수밖에 없다는 것이다. 정식 중개업자들도 위조 신분증을 판별하지 못하는데 중개업자가 사기꾼과 한통속일 경우에는 어떻겠는가. 피해자들은 가짜 중개업자들이 인감증명, 대리인 위임장을 보여주고 대리인과 통화하게 해주는 등 안심시켰다고 말한다.

치솟는 전세금을 마련하기도 힘든데 어렵게 모은 전세 보증금까지 가로채는 세상이다. 영화의 마지막 대사를 빌려 말하자면 "지금 이 세상은 상식보다 탐욕이 크다."

🛡 사기 대처법

또 기본으로 돌아가 보자. 집주인의 신분증에 사기꾼의 사진이 있었다고 해도 전세계약 시 임대인의 등기부등본, 등기권리증, 통장, 재산세 납부 여부 등을 꼼꼼히 확인했다면 피할 수 있는 것이다. 전세 물건이 귀해 나오자마자 계약부터 하는 '묻지마 계약'은 절대로 해서는 안 된다.

등기권리증은 위조하기 쉽지 않고 진짜 소유주가 아니면 가질 수 없는 서류이기 때문에 이런 사기를 피할 수 있는 '등기권리증'이 핵심이다.

등기권리증은 이게 진짜다.

05
월세, 전세 계약자 집주인 행세 사기

사례

"전세 빌라 재전세 '이중 계약'··· 30代, 세입자 5명 돈 가로채"

2013년 12월 11일 경인일보

수원중부경찰서는 전세로 살고 있는 자신의 빌라를 다시 전세 놓는다고 속인 뒤 돈을 가로챈 혐의(사기 등)로 황 모(31) 씨를 구속했다고 10일 밝혔다.

경찰에 따르면 황 씨는 지난 8월께 부동산 직거래 사이트에 수원시 파장동의 A빌라를 전세 놓는다는 글을 올려 놓고, 이 모(43) 씨 등 5명의 세입자와 이중 계약을 체결하는 수법으로 지난 9월까지 280만 원을 가로챈 혐의다.

A빌라는 황 씨가 전세권자로 오는 2014년 2월까지 정 모(33) 씨에게 임대된 상태였는데, 공사를 핑계로 정 씨의 거처를 옮기게 했다.

이후 황 씨는 인터넷에 올린 글을 보고 연락하는 이 씨 등 5명과 이중 계약을 맺어 월세와 보증금 명목으로 돈을 가로챈 것으로 드러났다.

경찰 관계자는 "전세 사기 예방을 위해서는 임차 물건을 확인 후 계약해야 하며, 실소유주의 연락처를 확인해야 한다"고 당부했다.

비슷한 사례를 더 살펴보자.

【 전세사기 사례 】

① 오피스텔을 월세로 빌린뒤 타인에 전세(2012. 1.3일 보도)

- 강남구 역삼동 최모씨는 2009년부터 강남구 역삼동의 M오피스텔에서 보증금 1000만원에 월세로 방 수십개를 계약한 뒤 이를 다시 피해자들에게 보증금 1억원 안팎을 받고 전세를 놓는 수법으로 차액 30억원을 챙겨 도주함
- 피해자들은 대부분 신혼부부 등 지방출신의 20~30대 사회 초년생들로 약 30여명에 이름
- 최씨는 오피스텔 주인행세를 하면서 고급외제차를 리스해 타고 다니며 성공한 사업가 행세, 주변전세금 시세의 60~70%수준에 내놓아 전세입자를 쉽게 유인
- "본인이 실소유자인데 세금문제 때문에 외국에 있는 지인 이름을 등기부에 올렸다" 라고 말하면서 실제 주인의 주민등록증 사본 등을 제시하여 피해자 들을 속임

〈2012. 3. 14. 머니투데이 기사 '월세로 계약한 방, 전세 놓고 30억 챙겨'참조〉

첫 번째 기사의 피해자들은 수원이라는 지역 특성상 피해 금액이 그리 크지 않은 것을 볼 수 있다. 하지만 역삼동 오피스텔 사기 사례는 일이 벌어지면 억 단위로 피해를 보게 된다.

1억이라는 돈은 160만 원씩 5년(60개월)을 모으거나 80만 원씩 10년(120개월)을 모아야 손에 쥘 수 있는 금액이다. 특히 사회 초년생 20~30대 직장인은 10년이라는 기간이 있어야 하는 큰돈이다. 그런 큰돈을 주고받는 부동산 계약을 허술하게 한다는 것이 문제이다. 학교에서도 어른들도 이런 문제에 모두 문외한인 것이다. 누군가는 이런 사기에 대응하는 방법을 가르쳐야 한다. 이 책을 쓰게 된 이유 중의 하나이지만.

또 다른 피해 사례이다. 인터넷 직거래를 통한 거래가 많아지면서 생긴 부작용이다.

전세난에 집을 구하기가 힘들던 A 씨는 인터넷 부동산 직거래 사이트에서 '강남구 도곡동 3층 전세 세입자를 구한다'는 글을 보았다. A 씨는 이 글을 올린 여성 김 모(33) 씨에게 속아 보증금으로 지불한 6,500만 원을 날렸다. 김 씨의 똑같은 수법에 당한 B 씨는 7,000만 원을 받지 못했다.

김 씨는 동거인과 함께 2012년 7월부터 강남구 도곡동에 있는 한 공동주택을 보증금 2,000만 원에 월세 160만 원의 조건으로 임차해 살고 있었다. 이 임대차계약은 동거인 명의로 돼 있어 계약 기간이 끝나면 보증금은 동거인에게 지급될 예정이었다.

그럼에도 김 씨는 마치 본인이 계약 당사자인 것처럼 속여 같은 해 10월 중순께 한 포털사이트의 부동산 직거래 카페에 '강남구 도곡동 3층 전세 세입자를 구한다'는 글을 올렸다.

김 씨는 이 글을 보고 찾아온 A 씨에게 "내가 전세 보증금 2억 원에 임차해 살고 있는데, 당신이 6,500만 원을 내면 방 한 칸을 사용하게 해주겠다"고 말하고 A 씨로부터 6,500만 원을 받아 챙겼다.

A 씨는 실제로 이 집에 들어와 몇 개월 동안 살았다. 그러다 이듬해 5월이 되자, 김 씨는 다시 A 씨에게 사기를 쳤다. "집주인이 전세를 올려달라고 하는데 월세로 돌리기로 했으니 당신이 부담해야 할 1년치 월세 100만 원을 달라"는 것이었다. 이를 믿은 A 씨는 다시 100만 원을 김 씨에게 송금했다.

돈이 궁해진 김 씨는 다시 같은 수법으로 사기를 쳤다. 인터넷 카페에 세입자를 구한다는 글을 올리고 이 글을 보고 찾아온 B 씨에게 보증금 6,000만 원, 월세 10만 원에 방 한 칸을 내주는 조건으로 돈을 송금받았다. 또 두 달 뒤에는 B 씨에게 '보증금을 더 지급하면 월세를 전세로 바꿔주겠다'고 속여 총 7,000여만 원을 받아 챙겼다.

김 씨는 A 씨와 B 씨에게 보여주기 위해 실제 집주인 이름으로 도장을 파 부동산임대차계약서를 위조하기도 했다. 결국 김 씨는 이들에게 전세 보증금을 돌려주지 못했고 사기 행각도 들통이 났다.

집주인인지 확실하게 확인 후 현금으로 건네지 말고
집주인 명의계좌로 이체 송금하라!

전세나 월세 임차인이 그 물건에 거주하면서 다시 임대를 놓는 행위를 전전세라고 한다. 보통의 경우는 사무실이나 평수가 큰 오피스텔이 많다. 그렇게 하는 이유는 월세 부담을 줄이는 방법으로 행해지는 것이다. 그러나 이런 경우는 의도적으로 남의 소중한 돈을 가로채기 위한 사기 수법이다. 보통의 경우 사기에 이용되는 부동산의 유형과 과정이 있다.

먼저, 사기꾼들은 사람들의 심리를 교묘하게 이용한다. 주변보다 싸게 내놓은 물건은 80% 이상 위험하다. 왜냐하면, 전세는 이자가 나가지 않는 자금이기 때문에 소유주는 거의 모두가 주변 시세에 맞추거나 조금 싸게 내놓아도 500만 원 낮추는 정도이다.

그런데 2~3천만 원을 싸게 내놓는다는 건 '싸고 좋은 눈에 띄는 물건'으로 포장하는 것이다. 사기꾼들은 보통 2~3개월 안에 모든 물건을 털고 잠적해야 하기 때문에 계약이 빨리 될 수 있는 물건으로 만들어 놓는다. 그리고 보통 이런 물건을 찾는 이들은 부동산에 대한 정보가 허술한 이들이 대분이다. 사기꾼들은 위 두 가지 덫을 치고 기다리는 것이다.

<u>집주인이 아닌 사람하고는</u> (위임장이 있더라도) <u>계약하지 말아야 한다.</u> <u>굳이 그런 이상한 부동산을 계약해서 찜찜할 필요가 있는가?</u>

아래는 부동산 사기에 많이 등장하는 전세 부동산의 특징을 정리해 보았다. 아래에 나타난 특징에서 다섯 가지 모두가 해당된다면 그 부동산은 100% 사기라고 봐도 된다. 한 가지라도 의심되면 직접 모든 것을 확인하고 진행해야 한다. 모르면 부동산 중개 수수료를 내고 안전하게 거래하면 된다.

🛍️ 사기 전세 물건의 특징

1) 시세보다 싸다.
2) 주변은 다 월세인데 전세로 나온다.
3) 소유주가 외국에 있거나 병원에 있는 등 직접 만나기 힘들다.
4) 등기부등본이 지저분하다.
   (잦은 소유권 이전 및 대출)
5) 직거래만을 원한다.

[부동산사기! 당할래? 피할래?]

06
부동산 중개업을 할 수 없는 무자격자의 사기

사례 1

"이사철 전세 사기 안 당하려면…"

2012년 10월 8일 한국경제

A 씨는 지난 4월 집주인을 대리한 B 씨와 소형 주택 전세계약을 맺은 뒤 낭패를 당했다. 집주인에게 월세계약을 체결한다고 한 B 씨는 전세계약을 맺은 무자격 중개업자였다. B 씨는 여러 명과 전세로 중복 계약을 한 뒤 보증금을 챙겨서 달아났다.

사례 2

"무자격자가 부동산 중개했다 손해 입히면 소멸시효는"

2013년 6월 24일 법률신문

서울 강서구에 있는 한 부동산에서 공인중개사 자격 없이 사무 보조원으로 일해 온 B 씨는 공인중개사로부터 "고객이 아파트를 팔아달라고 맡겼는데 내가 일이 바쁘니 이 아파트를 대신 팔아 달라"는 부탁을 받고 중개인으로 나섰다. 매물 상태가 좋고 가격도 저렴했던 터라 매수인 A 씨를 쉽게 찾을 수 있었고 계약도 순조롭게 진행됐다.

그러나 B 씨가 중개한 그 아파트가 이중으로 매매된 사실이 밝혀지면서 문제가 생겼다. 아파트를 산 A 씨가 2007년 소송을 당해 아파트를 원래 주인에게 돌려주게 된 것이다.

A 씨는 2012년 "B 씨가 업무를 소홀히 해 사기를 당했으니 아파트 대금 1억 5천여만 원을 물어내라"며 소송을 냈다.

공인중개사 자격증이 없는 사람이 부동산 이중 매매로 손해를 보게 했다면 불법행위가 아니라 채무 불이행에 기한 배상 책임이 있으므로 손해배상청구권의 소멸시효는 10년이라는 판결이 나왔다. 민법상 손해배상청구권은 채무 불이행이 원인이 된 경우 10년, 불법행위가 원인이 된 경우에는 손해를 안 날로부터 3년 또는 손해가 발생한 날로부터 10년이 지나면 책임을 물을 수 없다.

서울남부지법 민사16부(재판장 전현정 부장판사)는 18일 A(30) 씨가 공인중개사 사무소 사무 보조원 B(53) 씨를 상대로 낸 손해배상 청구소송(2012가합9912)에서 "B 씨는 A 씨에게 3,000만 원을 배상하라"며 원고 일부 승소 판결을 했다.

재판부는 "B 씨는 A 씨의 손해배상청구권이 불법행위로 인한 손해배상청구권이어서 소멸시효가 3년이고 시효도 지났다고 주장하지만, 부동산 중개업자가 주의 의무를 다하지 않은 결과 의뢰인이 손해를 입게 한 때에는 채무 불이행에 기한 손해배상 책임이 있는 것"이라며 "이와 같은 법리는 중개 수수료를 받고 부동산 중개 업무를 하는 사람에게 적용되는 것으로, 공인중개사 자격이 있는지 여부와는 상관없다"고 밝혔다.

재판부는 "B 씨는 이 사건 부동산의 매매 중개를 하면서 부동산의 원래 주인이 매도 의뢰를 한 것이 사실인지 확인해야 할 의무가 있는 데도 매매계약의 체결 당시는 물론이고 잔금을 낼 때까지 등기필증이나 매도 의뢰 사실 여부를 제대로 확인하지 않았다"며 "B 씨의 의무 소홀로 A 씨가 입은 손해를 배상할 책임이 있다"고 설명했다.

✔ 사기 대처법

이 같은 피해를 막기 위해서는 중개업자 및 거래 상대방의 신분을 반드시 확인하고 거래해야 한다. 중개소에도 부동산 공인중개사 자격증 없이 실장이나 이사 등의 직함으로 일하는 직원들이 있는데 이런 사람들을 조심해야 한다. 꼭 중개인의 자격증 여부(보통 중개업소 벽에 걸려 있다)를 확인하고 중개업소 대표와 계약을 체결해야 한다.

위 사례에서처럼 1억 5천만 원을 사기당했지만 배상 판결은 그 금액의 20%인 3천만 원만 책임을 지우고 있는 것을 보면, 법에서도 계약의 주체인 당사자가 80%의 책임이 역시 있다고 보는 것이다.

또한, 불법 중개 피해를 입지 않기 위해서는 간판에 'OOO 컨설팅'이나 'OOO투자개발'이 아닌 '공인중개사사무소' '부동산중개'라는 문구가 있는 등록업소를 통해 거래하는 게 필요하다. 등록된 중개업자 여부는 해당 시·군·구청 중개 업무 담당 부서에서 확인이 가능하다.

07
대출 많은 부동산 집주인의 임대 사기

사례 1

이 사례는 글쓴이에게 직접 일어난 일을 옮긴 것이다. 수많은 사례들 중 악질 사기꾼한테 걸린 경우다.

2년 전, 조카 녀석으로부터 전화가 걸려왔다. 의정부 전셋집이 경매로 넘어갔다며 코가 석 자나 빠진 목소리가 들려왔다. 깜짝 놀라 사건번호와 부동산등기부등본을 확인하고 다시 전화를 걸었다. 결혼하면서 얻은 의정부 전셋집이 경매로 넘어간 것이었는데, 들어보니 사기를 당한 상황이었다.

은행 융자가 꽉 찬 집에 그것도 직거래로 싸게 전세를 얻었다는 것이다. 이 녀석, 더 웃긴 건 집주인과 직접 계약도 안 하고 대리인과 계약을 했으며 은행 융자는 금방 갚는다는 말에 혹해서 2년간 대출을 상환했는지 확인도 안 한 채 그냥 살았던 것이었다. 아주 사기 피해 쓰리 콤보 수준이다.

전세 만료 기간이 되어 이사를 하려고 집주인에게 전화를 했더니 전화를 안 받더라는 것이었다. 그 주인의 거주지 주소를 확인해서 부동산등기부등본을 떼어 보니 그 부동산 역시 대출이 가득 차(시세의 80% 선) 있었다. 민사소송으로 해결할 길이 없었다. 이런 유형의 사기로 먹고사는 전문가로 보였다.

일단 보증금 5천만 원 중 소액 임차인 우선변제로 2천만 원은 법원에서 받을 수 있지만 나머지 3천만 원은 받을 길이 없어서 경매에 간접 입찰해서 집을 사는 방향으로 잡아 안심을 시켰다. 1회 유찰 이후 단독 입찰로 집을 소유하기는 했지만 1천만 원 이상의 손해는 감수해야 했다.

사례 2

"'가족끼리' 김현주, 3억 부동산 사기당했다 '패닉'"

2014년 10월 18일 뉴스엔미디어

김현주가 '가족끼리 왜 이래' 18회에서 부동산 사기를 당했다.

10월 18일 방송된 KBS 2TV 주말드라마 '가족끼리 왜 이래' 18회(극본 강은경/연출 전창근)에서 차강심(김현주 분)은 오피스텔을 매입하며 사기를 당했다.

세입자 문태주(김상경 분)는 은행 직원의 방문 덕분에 자신이 세든 오피스텔이 경매로 넘어갈 위기임을 알았다. 은행 직원은 "이 오피스텔은 근저당 설정이 돼 있는 물건이다. 전입신고는 하셨냐. 확정일자는 받으셨냐. 둘 다 안 하셨으면 보증금 찾기 힘들 거다"고 말했다.

이에 문태주는 집주인인 차강심에게 "등기부등본 안 떼어봤냐. 오피스텔 전 주인이 집 담보로 은행에 2억 원 빚을 졌다. 곧 경매에 넘어갈 거라고 하더라. 아무래도 차 실장 사기당한 것 같다"고 조심스레 상황을 알렸다.

차강심은 "그럴 리가 없다. 등기부등본도 깨끗했다"고 말했지만 실상 해당 등기부등본은 6개월 전 것으로 전 주인이 작정하고 차강심을 속인 것. 차강심은 "그럼 내 돈 3억 원은. 거기 아빠 돈 5천도 들어있는데"라며 패닉 상태에 놓였다.

등기부등본 발급 일자를 확인하라!

🛡 **사기 대처법**

사례 1) 처럼 보증금이 많지 않은 미혼자 또는 기혼자이지만 집을 처음 임차하신 분들은 꼭 이런 사기에 피해자가 되지 않기를 바라며 반드시 확인할 사항을 적어본다.

먼저, 직거래는 일단 위험하다.

본인이 모든 걸 알아볼 수 있는 능력이 되시는 분들만 가능합니다. 꼭 공인중개사를 통해 계약을 하세요. 그분들이 문제가 생기면 책임도 져야 하기 때문에 정확한 거래를 유도한다.

두 번째로, 직거래든 부동산을 끼고 하시든 계약할 부동산등기부 등본은 꼭 확인해야 한다.

금융권에서 대출은 있는지 시·군의 세금 체납으로 압류가 되어 있는지 다 나와 있다. 해당 부동산의 매매가가 2억인데 대출 금액이 60%를 넘는 1억 2천 이상이라면 절대로 계약하지 말아야 하며, 전세 보증금으로 대출을 갚는다고 할 경우에는 이사 당일 그 약속을 이행하는지 꼭 확인해야 한다.(대부분의 경우 이 상황에서 사기를 당하는데 법에서는 사기로 인정하지 않는다. 다시 말해서 이 부분은 법으로 보호받지 못하는 상황이므로 반드시! 꼭! 기필코! 대출금을 갚는지 눈으로 확인해야 한다.)

필요하면 대출 은행에 집주인과 함께 동행하거나 부동산 중개인에게 이런 역할을 진행해 달라고까지도 해야 하는 중대한 절차이다.

사례 2)에서 보면 드라마에서 이런 이야기가 나오는 것으로 끝이 아니다. 드라마는 누군가에게는 현실이 된다는 생각으로 치밀하게 접근해야 한다. 아마도 주인은 일부러 대출이 없었던 6개월 전 등기부등본을 보여주며 세입자를 안심시키는 전략을 썼을 것이다. 혹시 세입자가 이런 사실을 발견하면 실수인 척하며 다른 위조된 등기부등본을 보여줄 수도 있다.

Please!(제발)

계약 당일 날 부동산등기부 등본을 꼭 떼어 보라. 발급하지 않고 그냥 열람만 해도 된다. 비용은? 발급은 1,000원, 열람은 700원이다.

법원 인터넷등기소 http://www.iros.go.kr/PMainJ.jsp

08
소유주의 대출 이용 사기

사례 1

아래 이미지에 밑줄 그은 부분을 보면 이상하다고 생각할 것이다. 소유권 이전 일자, 세입자의 전입 일자와 은행대출 일자가 같다. 어떻게 된 것일까?

물건종별	다세대(빌라)	사건접수	2014-03-27(신법적용)	입찰방법	기일입찰
전용면적	38.37㎡	소 유 자	전、	감 정 가	75,000,000
대 지 권	18.89㎡	채 무 자	전	최 저 가	(49%) 36,750,000
배각물건	토지건물 일괄매각	채 권 자	독산1동새마을금고	보 증 금	(10%) 3,600,000

[입찰진행내용] 입찰 15일전

구분	입찰기일	최저매각가격	결과
1차	2014-10-10	75,000,000원	유찰
2차	2014-11-11	52,500,000원	유찰
3차	2014-12-10	36,750,000원	

■물건현황 · 감정원 : 출일감정평가 / 가격시점 : 2014.04.02

구분	위치	사용승인	면적	이용상태	감정가격	기타
건물	4층중 3층	91.09.11	38.37㎡	주거용	45,000,000원	
토지	대지권		377.7㎡ 중 18.885㎡		30,000,000원	

현황·위치
주변환경
* "봉화초등학교" 북서측 인근에 위치하며, 주위는 단독주택, 다세대주택, 점포 등이 혼재하여 소재하는 일반주거지대로서 주위환경 및 생활시설에의 접근성은 보통임.
* 본건까지 중소형차량 접근 가능하고 부근에 시재 각 방향으로 연결되는 버스정류장이 소재하는 바 대중교통 포함 전반적인 교통상황은 대체로 보통임.
* 세장형 토지로서 다세대주택부지로 이용중이며, 소로의 포장도로와 접함.

■임차인현황 · 말소기준권리 : 2013.07.22 배당요구종기 : 2014.06.11

임차인	점유부분	보증금액 / 사글세 or 월세	전입일/확정일 /배당요구일	대항력	기타
송'	주거용전부	보22,000,000원	전 입 일2013.07.22 확 정 일2013.07.22 배당요구일2014.05.13	없음	
기타참고	*본건 현황조사차 현장에 임하여 임차인의 어머니 원　　을 면대한 바, 임차인 가족이 이건 부동산을 점유 사용하고 있다고 진술				

■등기부현황

순위	등기목적	접수일자	권리자	청구금액 (계:79,572,017)	기타등기사항	소멸여부
1	소유권이전(매매)	2013.07.22 (62697)	전:		거래가액: 70,000,000	
2	근저당	2013.07.22 (62698)	독산1동새마을금고	58,500,000원	말소기준등기	소멸
3	임의경매	2014.03.31 (30662)	독산1동새마을금고	45,440,625원	2014타경23586	소멸

위 사례는 저자가 부동산경매 물건을 검색하다가 발견한 것인데, 소유권을 이전한 매수인(전OO 씨)은 부동산 정보에 밝은 아주 지능범임을 알 수 있다.

먼저, 2013년 인천 서구의 11평 빌라 매매가 7,000만 원은 터무니없는 금액이다. 당시 시세가 5천만 원 정도이기 때문에 이 매매계약서는 소위 말하는 업(up) 계약서일 가능성이 높다. 그럼 왜 전OO 씨는 이런 계약서를 썼을까? 대출(부동산 감정가의 60~70%)을 많이 받아야 하기 때문이다. 등기부현황에 보면 독산1동 새마을금고는 이 부동산에 근저당을 5,800만 원으로 설정한다.

보통 제1금융권(일반은행)은 대출 금액에 120%를 설정하고, 제2금융권(보험, 저축은행, 새마을금고, 신협 등)은 대출 금액의 130%를 근저당으로 잡아 놓는다. 그래야 최악의 경우 경매로 넘어갔을 때 1회 유찰 20%에 대한 손해를 안 보는 것이다. 계산해 보면 금액이 딱 들어맞는다. 4,500만 원(대출 금액) × 130%=5,800만 원(근저당 설정 금액)

그래서 전OO 씨는 대출을 4,500만 원 받고 당일 날 세입자까지 들여서 보증금을 2,200만 원을 받는다. 2,200만 원이라는 금액은 '주택임대차보호법상 소액임차인 최우선변제금' 인천 지역에 딱 맞는 금액이다.

전OO 씨는 대출을 최대한 받고, 소액임차인제도를 활용해서 경매 진행 시 세입자의 보증금을 법원에서 지급받을 수 있도록 한 것이다.

두 번째로, 근저당 일자와 세입자의 전입 일자가 같은 경우에는 어떻게 될까? 법에서는 전입일 다음 날(위의 경우 2013년 7월 23일)을 전입일 효력이 발생하는 것으로 본다. 즉 같은 날이라는 건 근저당권자인 독산1동 새마을금고가 경매 진행 시 배당의 1순위가 된다는 뜻이다.

세입자 송OO 씨가 소액 임차인 자격이 없는 6,500만 원 이상의 보증금 세입자라면 보증금을 한 푼도 받지 못하게 될 수도 있다. 이런 경우가 사기를 치려는 자들이 교묘히 이용하는 법의 허점이다.

세 번째로, 그럼 세입자 송OO 씨가 소액 보증금 우선변제제도라는 법의 테두리 안에서 2,200만 원의 보증금을 돌려받을 수 있을까? 답은 일부만 받을 수 있거나 한 푼도 받지 못할 수도 있다.

경매부동산이 낙찰되면 법원은 낙찰 금액으로 배당이라는 것을 진행한다. 배당이란 경매 절차에 관계된 채권자(독산1동 새마을금고), 세입자(송OO)의 기준권리의 순위를 따져서 요청한 채권 금액을 나누는 법률 용어이다.

법원이 정하는 배당 순위는 다른 사례를 들 때 자세히 설명하겠지만 일단 하루라도 빨리 등기부에 올라간 채권자가 우선 배당받는다. 하지만 법원에서는 소액 임차인에게 먼저 배당 권리를 부여하고 있다. 약자에게 혹시 생길지 모르는 위험에 대해서 보호하는 제도이다.

하지만, 세입자 송OO 씨는 2,200만 원을 다 받지 못한다. 왜냐하면 소액 임차인 우선변제 금액은 낙찰 금액의 1/2을 넘어서 배당하지 않기 때문이다. 즉 위 물건이 4,000만 원 정도에 낙찰된다고 한다면, 4,000만 원1/2의 금액(정확히 하자면 경매 절차 비용 약 100만 원을 법원이 우선 배당하므로 3,900만 원의 절반인 1,950만 원)만 받을 수 있다. 약 250만 원은 떼이게 된다.

그럼, 못 받는 경우는 또 뭔 소리냐고 말할 수 있다.

<u>대법원이 2005년 5월 13일에 선고한 판결에 따르면 "채무 초과 상태에서 채무자 소유의 유일한 주택에 대하여 임차권을 설정해 준 행위는 채무자의 총 재산의 감소를 초래하는 행위가 되는 것이고, 따라서 그 임차권 설정 행위는 취소의 대상이 된다고 할 것이다"라고 결정했다.</u>

즉 독산1동 새마을금고에서 청구한 4,500만 원보다 낙찰금액이 적다면 경매법정에 '배당이의청구'를 할 것이고 이것이 법원에 의해 받아들여진다면 세입자 송OO 씨는 한 푼도 배당을 받지 못할 수도 있다.

부동산 중개하시는 분들이 쉽게 말하는 "소액 보증금은 경매에 들어가도 무조건 100% 보장받는다"는 경우에 따라서 받을 수도 있고 받을 수도 없는 것이다.

아래는 2014년 7월 31일자 경향신문 기사이다. 너무도 비극적이고 안타까운 기사인데, 이 뉴스를 보고 이 땅의 세입자들이 더 이상 이런 사기를 당하지 않도록 사기 사례와 피할 수 있는 방책을 책으로 써야겠다고 마음먹은 것이다.

사례 2

"집주인에 쫓겨난 장애인 분신자살"

2014년 7월 31일 경향신문

세 들어 살던 아파트가 경매에 넘어가 쫓겨날 위기에 처한 40대 장애인이 분신자살했다.

인천 중부경찰서는 31일 낮 12시 46분쯤 인천 중구 ㄱ아파트에 살던 손 모(49) 씨가 엘리베이터 앞에서 몸에 인화물질을 뿌리고 분신해 그 자리에서 숨졌다고 밝혔다.

경찰 관계자는 "손 씨는 세 들어 살던 아파트가 경매에 넘어간 뒤 새 집주인이 이날 법원 집행관과 함께 가재도구와 생활용품 등을 강제로 끌어내자 '가족과 함께 갈 곳이 없다'며 집주인과 말다툼을 한 뒤 분신한 것 같다"고 말했다.

허리 부상으로 휠체어를 사용하는 손 씨는 장애 2급으로 마땅한 직업도 없다. 손 씨는 월 11만 원의 장애수당을 받아 생활해온 것으로 전해졌다.

손 씨는 근저당이 설정돼 압류된 105㎡(32평)의 ㄱ아파트에 지난해 4월 전세금 2,500만 원을 주고 입주했다. 하지만 이 아파트는 지난 3월 경매에 넘어갔다. 임대차보호법에 따라 손 씨는 2,200만 원과 이사비 등 전세금 대부분을 돌려받을 수 있다.

낙찰자인 새 집주인이 집을 비워줄 것을 요구하자, 손 씨는 "아내와 두 자녀(9·11세)들을 데리고 살 곳이 없다"며 버텨온 것으로 알려졌다.

이 사건은 소액 임차인으로 당연히 보증금 2,200만 원은 돌려받을 수 있을 거라 믿었던 가장이 경매 배당에서 제외되자 극단의 선택을 한 것이다. 이후에 벌어진 배당이의 소송에서 법정은 결국 손 씨의 부인에게 임차 보증금을 배당하는 것으로 판결을 내리지만 사회적으로 큰 손실을 입은 이후에 이루어진 사후약방문이었다.

한겨레신문이 이 사건을 심층적으로 취재한 기사 일부를 보자.

"인천 깡통 주택의 비극, 장애인 가장의 죽음" 왜 판사는 눈물을 흘렸나

2014년 11월 4일 한겨레신문

남편이 사망하고서 두 달 하고도 보름이 지난 10월 15일 오후 2시 20분, 홀로된 박 씨가 인천지방법원 민사법정에 출석했다. 박 씨와 남편 손 씨는 인천 중구에 위치한 부천우리새마을금고가 제기한 임대차계약 무효확인 청구소송의 피고인이었다.

이날 박 씨는 의외의 소식을 들었다. 원고 쪽인 부천우리새마을금고가 소송을 취하한 것이다. 사건을 담당한 권순남 판사는 담담히 선고했다.

"원고 쪽에서 이사회를 10월 13일에 열어 소를 취하하기로 결정했습니다. 원고는 배당금을 법원에 신청해서 받아가세요. 원고 불출석, 피고 출석. 이 사건은 소 취하로 종결됩니다."

잠시 정적이 흐른 뒤 판사가 다시 입을 열었다.

"지금 기거는 어디서 하세요?"

"아파트에서요."

"(그 집에서) 나와 가지고?"

"예."

"애들 학교는 다니고 있어요?"

"예."

"힘든 일을 겪으셨는데, 잘 사세…요…"

판사는 감정이 복받쳤는지, 말을 쉽게 잇지 못했다. 그는 황급히 일어나 얼굴을 가리며 법정을 빠져나갔다. 재판에서 감정을 숨겨야 하는 판사가 복받쳐 오르는 마음을 추스르기 위해 다음 재판까지 잠시 자리를 비운 듯했다. 이어 박 씨가 법정에서 터벅터벅 걸어나왔다.

박 씨에게 다가가 취재의 취지를 설명하고, 간단한 질문들을 던졌다. 그는 "집 계약을 남편이 해서 나는 모른다. 내 이름으로 계약한 것도 몰랐다"고 했다. 그러면서 그는 "이전에도 남편이 경매에 들어갈 집을 계약해서 너무 힘들었던 적이 있었다"고 털어놨다. 박 씨와는 다음에 따로 만날 날을 약속했다.

소송 종결 다음 날, 박 씨가 알려준 주소로 '대법원 인터넷등기소'에서 부동산 등기부등본을 열람했다.

손 씨와 박 씨가 주택임대차계약을 체결한 정 아무개(36) 씨는 2006년 11월 6일 그 집을 1억 6천만 원에 매입했다. 2009년 10월 22일 부천우리새마을금고가 2억 2,490만 원의 근저당을 설정했다.

제2금융권에선 대체로 대출 금액의 130%를 채권최고액(담보로부터 회수할 수 있는 빚의 한도)으로 잡기 때문에 정 씨가 빌린 돈은 1억 7,300만

원이다. 하지만 정씨는 대출 이자를 갚지 못했고, 채권자인 은행은 담보권을 행사하며 아파트의 경매를 지난해 봄 법원에 신청했다.

인천지방법원은 지난해 6월 20일 임의경매 개시 결정을 내렸다. 하지만 은행 입장에선 걸리는 것이 있었다. 경매 개시 결정이 나기 두 달 전인 지난해 4월 2,500만 원 상당의 전세권이 설정된 것이다. 바로 박 씨 명의의 전세권이었다.

부천우리새마을금고의 한 임원은 "경매 개시 두 달 전에 설정된 전세권이라 의심이 갔다"고 말했다. 그가 말하는 '의심'이란 "가끔 채무자가 주택임대차보호법의 최우선변제 제도를 악용해 영세 임차인을 입주시키고, 보증금을 받고서 집을 날리는 경우가 있다. 세입자는 대개 부동산업자로부터 법적으로 보증금을 보장받을 수 있다는 말을 믿고 계약한다"고 설명했다. 이 말은 사실이다.

인천지방법원에서 조정을 전담하는 문유석 부장판사는 "살던 집이 경매에 넘어가더라도 소액 임차 보증금이 보장된다고 믿었던 임차인들이 예측하지 못하는 소송을 당하는 사례가 인천지역에서 급증하고 있다"고 설명했다.

용자많은
아파트,빌라,주택 삽니다.
(당일 현찰지급)
@전세 놔 드리고 전세금은 상담즉시
현금으로 드립니다.
-각종연체,경매위기.
-압류,가압류많은 아파트,빌라,주택.
-카드,금융사 문제.
-연체자이신분 상담가능.
*망설이면 늦습니다.늦기전에 해결하
세요.혼자 고민하지마시고 전문가의
도움을 받으세요.
개인신분비밀절대보장

🛡 사기 대처법

사례 1)을 보면 세입자는 이사 당일(잔금 치르는 날) 꼭 근저당이 설정
되어 있는지 등기부등본을 확인하고, 혹시 근저당 설정이 되는 경우
를 대비해서 계약서상에 특이사항으로 "근저당 설정이 되었을 경우
계약을 무효로 한다."라는 문구를 넣는 것이 좋다. 또한 **권원보험에
가입하면 좋다.** 권원보험이란 부동산 매매나 임대차계약 등에서 손해
가 발생 시 그 손실을 보장해주는 상품이다.

권원보험에서 보장하는 다섯 가지의 경우는 다음과 같다.

첫째 서류 위조, 이중 매매 등 무단 양도로 인해 손해가 발생한 경
우, 둘째, 등기 담당 공무원의 실수로 인해 등기부 기재가 늦어지거나
잘못된 기재로 인해 손해가 발생한 경우, 셋째, 행위 무능력자나 사
기·강박 등 법률행위에 흠이 있는 경우, 넷째, 법인 소유 부동산의 매

매와 관련해 절차상의 문제로 인해 부동산 취득자가 손해를 보는 경우, 다섯째, 저당권 취득 및 순위 보전의 상실로 인해 저당권자에게 손해가 발생한 경우 등의 손해를 보전해주고 있다.

보험은 최초 1회만 내면 된다. SGI서울보증이 내놓은 전세금보장신용보험은 해당 주택이 경매에 넘어가거나, 임대차계약이 끝난 지 30일이 넘었는데도 세입자가 전세금을 돌려받지 못하게 된 경우 보험사가 그 돈을 보상해준다.

[서울보증보험 전세금보장신용보험]

서울보증보험 (전세금보장신용보험)

www.sgic.co.kr

* 보험요율

구분	아파트	기타주택(연립, 빌라)	주택이외의 건물
개인/법인	연 0.232%	연 0.263%	연 0.432%
전세보증금 2억일경우 보험료	₩464,000	₩526,000	₩864,000

* 가입조건

구분	주택	주택이외의 건물	
목적물	아파트, 다세대, 연립, 다가구, 단독주택, 주거용 오피스텔	도, 소매 등 상업용 건물	
인수기준	선순위 설정최고액과 임차보증금 합산액이 해당 주택 추정시가의 100%이내	서울 : 7천만원	
		경기, 광역시 : 5천만원	
		일반시 : 4천만원	
		기타지역 : 3천만원 이하(임차보증금잔액기준)	
임차면적	제한없음	제한없음	

[부동산사기! 당할래? 피할래?]

아파트는 전세금 전액을 보험에 들 수 있고, 단독·다가구 주택은 80% 이내, 연립·다세대 주택은 70% 이내 금액까지 가입할 수 있다.

전세금보장 보험료는 매매 사기 방지 보험료보다는 다소 비싼 수준이다. 높은 보험료가 부담될 경우 집의 융자·담보대출 상태 등을 감안해 전세금 일부만 들 수도 있다. **또한, 주택감정가의 100% 범위 안에서만 보증을 해주기 때문에 대출이 1억 원이 있는 아파트는 1억 미만으로 보증금을 지급해야 보증보험에 가입할 수 있다.**

계약 기간이 1년 이상인 임대차계약을 맺은 세입자로 임대차계약을 맺은 날로부터 5개월이 지나기 전에만 가입할 수 있다. 대상 건축물은 아파트, 다세대주택, 단독주택, 다가구주택, 주거용 오피스텔, 도·소매용 상업용 건물이다.

적은 보험 금액으로 큰 보증금을 지킬 수 있다면 의심 가는 부동산 계약을 할 경우 꼭 고민해야 할 것이다.

위 기사의 사례처럼 말도 안 되는 금액으로 전세를 놓는 사기들이 발생하고 있다. 이런 사기는 대부분 대출이 시세의 70% 가까이 있는 부동산, 특히 빌라에서 자주 일어나고 있는데 그 이유는 바로 여기에 있다.

주택임대차보호법 규정에는 '소액임차인 최우선변제권'라는 것이 있는데, 이 규정은 경매로 보증금을 받지 못하는 임차인들을 보호하기 위한 규정이다.

제8조(보증금 중 일정액의 보호)

① 임차인은 보증금 중 일정액을 다른 담보물권자擔保物權者보다 우선하여 변제받을 권리가 있다. 이 경우 임차인은 주택에 대한 경매신청의 등기 전에 제3조 제1항의 요건을 갖추어야 한다.

② 제1항의 경우에는 제3조의 제4항부터 제6항까지의 규정을 준용한다.

③ 제1항에 따라 우선변제를 받을 임차인 및 보증금 중 일정액의 범위와 기준은 제8조의 2에 따른 주택임대차위원회의 심의를 거쳐 대통령령으로 정한다. 다만, 보증금 중 일정액의 범위와 기준은 주택가액(대지의 가액을 포함한다)의 2분의 1을 넘지 못한다.

지역마다 차이는 있지만 2천만 원~3천만 원 정도의 보증금을 근저당 순위와 상관없이 먼저 배당해 주는 저소득층 배려 정책이다.

즉, 근저당권 설정일보다 늦은 전입신고, 확정일자 임차인도 해당 지역의 보증금 변제 금액만큼은 어떤 채권자보다 우선해서 법원에서 지급해 준다는 의미이다.

시행일자	지역	보증금범위	최우선변제액
1984년 6월 14일부터	특별시.광역시	300만원	300만원
	기타지역	200만원	200만원
1987년 12월 1일부터	특별시.광역시	500만원	500만원
	기타지역	400만원	400만원
1990년 2월 19일부터	특별시.광역시	2000만원	700만원
	기타지역	1500만원	500만원
1995년 10월 19일부터	특별시.광역시	3000만원	1200만원
	기타지역	2000만원	800만원
2001년 9월 15일부터	수도권	4000만원	1600만원
	광역시	3500만원	1400만원
	기타지역	3000만원	1200만원
2008년 8월 21일부터	수도권	6000만원	2000만원
	광역시	5000만원	1700만원
	기타지역	4000만원	1400만원
2010년 7월 26일부터	서울특별시	7500만원	2500만원
	수도권	6500만원	2200만원
	광역시	5500만원	1900만원
	기타지역	4000만원	1400만원
2014년 1월 1일부터	서울특별시	9500만원	3200만원
	수도권	8000만원	2700만원
	광역시	6000만원	2000만원
	기타지역	4500만원	1500만원

〈소액 임차인 보증한도와 우선변제 금액표〉

그렇다면 왜 2,500만 원 보증금을 내고 살던 피해자는 법원에서 2,200만 원(인천, 경기는 2,200만 원이 우선변제액)을 받지 못해서 자살이라는 극단적 선택을 한 것일까?

이유는 채권자(경매 신청권자이면서 대출 은행)가 집주인에게 대출해준 금액 전액을 회수하지 못하는 경우 '배당이의'라는 소송을 통해 '소액임차인우선변제'를 받을 수 없게 했기 때문이다.

관련한 법원 판례를 살펴보자.

[판례] 대법원 2013. 12. 12. 선고 2013다62223 판결

◇ 저당권 설정 등으로 실질적인 담보가치가 전혀 없는 주택
을 시세보다 월등하게 저렴한 소액임대차보증금 상당액
만 지급하고 임차한 임차인이 주택임대차보호법상 소액
임차인으로서 보호받을 수 있는지 여부(소극)

① 원고의 남편은 공인중개사로서 주택임대차보호법 규정을
잘 알고 이 사건 임대차계약 체결을 중개한 점, ② 원고는 그
소유의 아파트를 보유하고 있었음에도 채권최고액의 합계가 시
세를 초과하는 이 사건 아파트를 임차하였고 이 사건 아파트에
관한 경매가 개시될 것을 예상하여 소액임차인의 요건에 맞도
록 이 사건 아파트 시세에 비추어 현저히 낮은 임차보증금만을
지급하고 이 사건 임대차계약을 체결하였으며, 실제로 이 사건
임대차계약 체결 직후 이 사건 아파트에 관하여 경매가 개시된
점, ③ 당초 이 사건 임대차계약상 잔금지급기일 및 목적물인도
기일보다 앞당겨 임차보증금 잔액을 지급하고 전입신고를 마친
점, ④ 원고가 이 사건 주택을 임차한 때로부터 불과 6개월 만
에 원고의 남편이 원고의 자녀를 대리하여 다른 아파트를 임차
하였고, 그 임차보증금 또한 소액임차인의 요건을 충족하는

2,000만 원이며, 그 임대차계약 체결 직후 경매절차가 개시된 점 등을 종합하면, 원고는 소액임차인을 보호하기 위하여 경매개시결정 전에만 대항요건을 갖추면 우선변제권을 인정하는 주택임대차보호법을 악용하여 부당한 이득을 취하고자 임대차계약을 체결한 것으로 봄이 상당하고, 이러한 원고는 주택임대차보호법상의 보호대상인 소액임차인에 해당하지 않는다.

그러나 법원은 원고가 <u>주택임대차보호법을 악용하여 부당한 이득을 취하고자 임대차계약을 체결한 것으로 보아 위 법률에 따른 최우선변제권을 부정하고 있다.</u> 형식적으로 법률요건을 갖추었지만 실질적으로 위법한 행위에 해당하는 경우까지 법적 보호를 하지 않는다는 취지이다.

이렇게 판결이 내려진 이유를 다시 설명하자면, 집을 담보로 돈을 빌려준 금융기관의 채권최고액(채무) 합계가 주변 시세보다 훨씬 넘고 그래서 이후 경매가 진행될 것으로 예상되는 상황에 시세보다 턱 없이 낮은 보증금으로 임대차계약을 체결한 경우에는, 전입신고와 확정일자 등 소액 임차인 조건을 갖추고 보증금액이 소액 임차인으로 인정되는 금액보다 낮은 경우라 하더라도 소액 임차인의 자격은 부여되지 않고 최우선변제권도 인정할 수 없다고 법원은 판결한 것이다.

이런 판례가 있다는 것을 아는 사람도 많지 않다. 따라서 공인중개업을 하시는 분의 "소액임차인제도가 있어서 경매가 진행되더라도 얼마까지는 무조건 먼저 배당받는다"는 말은 잘못된 것이다. 대출 많은 집은 위험하다.

◇수도권 법원에 접수된 배당이의 소송 현황

구분	2012년	2013년	증감
서울중앙지법	262	291	11.1%
서울동부지법	115	124	7.8%
서울남부지법	141	157	11.3%
서울북부지법	142	165	16.2%
서울서부지법	113	124	9.7%
의정부지방법원	189	246	30.2%
고양지원	192	255	32.8%
인천지방법원	420	550	31.0%
부천지원	162	127	-21.6%
수원지방법원	230	258	12.2%
성남지원	206	146	-29.1%
여주지원	49	63	28.6%
평택지원	83	58	-30.1%
안산지원	110	137	24.5%
안양지원	83	109	31.3%
합계	2,497	2,810	12.5%

*자료=대법원 사법연감

배당이의가 증가한다는 건, 소액임차인의 보증금을 인정받지 못하는 경우도 늘어난다는 의미!

[부동산사기! 당할래? 피할래?]

대출이 너무 많은 집에 사는 임차인은 법에서도 보호하지 않겠다는 의미이고, 뒤집어 보면 법을 모르고 있으면 보호하지 않겠다는 의미이기도 하거니와, 금융자본의 대출 채권 회수가 서민의 주거 안정보다 우선한다는 의미이기도 한다.

최근 일부 지역을 제외하고 수도권 전지역(특히 인천 지역과 의정부 지역은 30% 이상 증가)은 이런 상황을 반영하는 경매 배당에 대한 '배당이의' 소송 건수가 급증하고 있다.

다시 말해서 모든 소액임차인이 전부 다 우선 배당을 받지 못한다는 이야기이다.

09
미분양 부동산 이용 대출 사기

사례 1

"명의 빌려 아파트 계약 뒤 보증금 가로 챈 '떳다방' 검거"

2011년 8월 2일 뉴시스

신용불량자의 명의를 빌려 아파트를 분양받은 뒤 이를 담보로 은행 대출을 받거나 임대차계약을 맺어 보증금을 받아 가로챈 일명 '떳다방' 운영자가 경찰에 붙잡혔다.

대전 둔산경찰서는 2일 대전 노은동 일대서 부동산 '떳다방'을 운영한 이 모(37) 씨 등 2명을 부동산실권리자명의등기에 관한 법률 위반 혐의로 불구속 입건했다.

또 경찰은 이들에게 돈을 받고 부동산 매입에 필요한 명의를 빌려 준 정 모(53) 씨 등 7명을 같은 혐의로 불구속 입건하는 한편 달아난 4명을 전국에 수배했다.

경찰에 따르면 이 씨 등은 지난해 7월 말께 '떳다방'을 차려놓고 대전 유성구에 있는 미분양 주상복합아파트 11세대를 일괄 매입키로 계약을 체결한 뒤 사채업자 등을 통해 알게 된 신용불량자 정 씨 등 11명의 명의 앞으로 아파트 소유권을 이전한 혐의다.

이들은 이런 수법으로 소유권을 이전한 11세대 아파트에 대해 양모(37) 씨 등 11명에게 전세나 월세 등 임대차계약을 맺어 세대당 5,000만~6,000만 원의 보증금을 받아 모두 6억 원을 가로챈 것으로 드러났다.

경찰 조사 결과 이들은 또 각 아파트를 담보로 은행권에서 4억 7,000여만 원을 대출받은 뒤 이자 상환 등 채무를 변제하지 않고 잠적했던 것으로 밝혀졌다.

피해자 양 씨의 경우 이 씨에게 속아 보증금 4,500만 원에 월세 1년치 1,000만 원을 건네고 이 아파트에 입주하려다 이미 이곳을 담보로 이 씨 등이 은행서 대출을 받고 채무를 변제치 않아 경매 처분, 큰 피해를 입었다.

정 씨 등 11명의 명의 신탁자들은 이들로부터 300만~500만 원을 받고 범행에 가담한 것으로 드러났다.

경찰 관계자는 "피의자들은 아파트들을 담보로 수억 원의 은행 대출을 받았고 임차인들로부터는 세대당 많게는 6,000만 원의 임대차 보증금을 수령했다"며 "은행 이자 이외 대출 원리금을 거의 변제하지 않아 다수의 금융기관과 임차인들에게 경매 절차 등 복합한 법적 절차를 진행하게 하는 등 재산상 피해는 물론 정신적 고통도 입혔다"고 말했다.

사례 2

"무직자 이름으로 전세자금 등 40억 대출받은 남성 구속"

2013년 8월 23일 머니투데이

신용등급이 높은 무직자들을 일하는 것처럼 서류를 꾸며 40억 원 가까운 대출을 받아낸 남성이 경찰에 붙잡혔다.

서울지방경찰청 광역수사대는 무직자들의 재직증명서를 위조해 전세자금 등 수십억 원을 대출받아 유용한 혐의(특정경제범죄 가중처벌법상 사기 등)로 곽 모(42) 씨를 구속하고 명의를 빌려준 백 모(55) 씨 등 49명을 불구속 입건했다고 23일 밝혔다.

경찰에 따르면, 곽 씨는 지난해 9월 백 씨에게 허위 재직증명서를 발급해 주고 A캐피탈에서 6,000만 원을 대출받아 경기 파주에 있는 미분양 아파트를 구입했다.

곽 씨는 이 아파트를 차 모(52) 씨가 전세계약을 맺은 것처럼 서류를 꾸며 은행에서 재차 6,700만 원을 빌리는 등 올해 2월까지 43명 명의로 39억 6,000만 원을 대출받은 혐의다. 경찰은 이 가운데 20억 원 가량을 곽 씨가 챙긴 것으로 보고 있다.

경찰 조사 결과, 곽 씨는 대출 담당자들이 돈을 빌리는 사람들이 실제로 일을 하며 거주하고 있는지 제대로 확인하지 않는 점을 노린 것으로 드러났다.

곽 씨는 대출금으로 집을 분양받고 이를 다시 허위 전세계약을 맺는 '순환 사기'로 대출금 이자와 원금 일부를 돌려막기 한 것으로 조사됐다. 경찰은 곽 씨가 부동산 2차 수익사업으로 수익금을 배분해

주기로 하고 대출 명의자들을 모집했다고 전했다.

곽 씨는 집을 분양받는 데 일조한 사람들에게는 1,000만~2,000만 원을, 전세 대출자들에게는 500~1,000만 원 정도를 나눠준 것으로 확인됐다. 곽 씨는 또 분양받은 집에 허위로 전세계약을 맺어 대출금을 타내고도 실제 전월세 거주자를 들여 이중 계약을 맺은 것으로 밝혀졌다.

전월세 싼집 찾는 사람들이 많아요!
새아파트인데도 참 싸거든요.....

[부동산사기! 당할래? 피할래?]

◆ 사기 대처법

사례 1), 2)에서 보면 사기꾼들은 없는 서민들을 유인하려고 철저한 계획을 짰다. 새로 지은 아파트를 시세보다 싼 보증금을 무기로 부동산 지식이 낮은 사람들에게 접근해서 갈취한 것이다. 더군다나 경매에 들어갈 것을 예상하고 월세를 선불로 받은 치밀함까지. 싸고 좋은 아파트가 있다는 것이 이상하지 않은가?

정상적인 부동산 물건이라면 시세보다 기껏해야 500만 원 정도 낮은 것이 보통이다. 어떤 부동산 소유주가 시세보다 반값에 내놓고 싶겠는가. 생각해보면 답은 간단하다.

덫을 놓고 기다리는 꼴이다. 묻지도 따지지도 않고 미분양인데 싸게 매입했으니 세도 저렴하게 준다는 말에 속아 넘어간 것이다. 챙겨야 한다. 등기부등본에 대출이 얼마나 있는지. 등기부등본을 볼 줄도 알아야 한다.

등기부등본상의 소유주와 계약자가 같은지는 '갑'구에 소유권 이전에 대한 히스토리로 알 수 있다. '을'구에서는 소유권 이외에 권리사항(은행 대출 근저당, 전세권 등)이 날짜별로 자세히 기록되어 있다. 등기부등본상의 맨 앞의 '표제부'는 건물의 넓이와 토지지분이 나와 있다.

소유주가 아닌 사람과 계약하고, 대출이 매매 시세의 70%가 넘게 잡혀 있는 부동산을 계약한다는 것은 이미 '난 사기당할 거예요'를 외치는 것과 같다.

등기사항전부증명서(말소사항 포함) - 집합건물

[집합건물] 서울특별시 은평구 수색동 415-1 대림한숲타운아파트 제103동   고유번호 1147-2003-010874

【 표 제 부 】 (1동의 건물의 표시)				
표시번호	접 수	소재지번, 건물명칭 및 번호	건 물 내 역	등기원인 및 기타사항
1	2003년9월20일	서울특별시 은평구 수색동 415-1 대림한숲타운아파트 제103동	철근콘크리트조 슬래브지붕 14층 아파트 1층 777.480㎡ 2층 774.120㎡ 3층 774.120㎡ 4층 769.920㎡ 5층 769.920㎡ 6층 769.920㎡ 7층 769.920㎡ 8층 769.920㎡ 9층 769.920㎡ 10층 769.920㎡ 11층 769.920㎡ 12층 769.920㎡ 13층 769.920㎡ 14층 769.920㎡	도시재개발사업시행으로 인하여 등가 도면편철장 제14책 제97장
2		서울특별시 은평구 수색동 415-1 대림한숲타운아파트 제103동 [도로명주소] 서울특별시 은평구 은평터널로 65	철근콘크리트조 슬래브지붕 14층 아파트 1층 777.480㎡ 2층 774.120㎡ 3층 774.120㎡ 4층 769.920㎡ 5층 769.920㎡ 6층 769.920㎡ 7층 769.920㎡ 8층 769.920㎡	도로명주소 2014년2월10일 등기

열람일시 : 2014년09월15일 17시32분17초   1/6

표시번호	접　수	소재지번,건물명칭 및 번호	건 물 내 역	등기원인 및 기타사항
			9층 769.920㎡ 10층 769.920㎡ 11층 769.920㎡ 12층 769.920㎡ 13층 769.920㎡ 14층 769.920㎡	
			(대지권의 목적인 토지의 표시)	

표시번호	소 재 지 번	지 목	면 적	등기원인 및 기타사항
1	1. 서울특별시 은평구 수색동 415-1	대	40306.8㎡	2003년9월20일

【　　표　　　　제　　　　부　　】		(전유부분의 건물의 표시)		
표시번호	접　수	건물번호	건 물 내 역	등기원인 및 기타사항
1	2003년9월20일	제8층 제804호	철근콘크리트조 114.18㎡	도면편철장 제14책 제97장

(대지권의 표시)			
표시번호	대지권종류	대지권비율	등기원인 및 기타사항
1	1 소유권대지권	40306.8분의 50.31	2003년7월10일 대지권 2003년9월20일

〈등기부등본 표제부 샘플〉

【　　　갑　　　　　구　　　】			(소유권에 관한 사항)	
순위번호	등 기 목 적	접　수	등 기 원 인	권 리 자 및 기 타 사 항
1	소유권보존	2003년9월20일 제62859호		소유자 윤○○ 610526-1****** 서울 은평구 갈현동 12-29
1-1	1번등기명의인표시경정	2003년10월27일 제73208호	2003년9월20일 신청착오	윤○○의 주소 서울 은평구 수색동 1 대림한숲아파트 103-804
1-2	1번등기명의인표시변경	2003년10월27일 제73209호	2003년9월23일 구획정리환표	윤○○의 주소 서울 은평구 수색동 415-1 대림한숲타운아파트 103-804
2	가압류	2012년8월7일 제44730호	2012년8월7일 수원지방법원 안양지원의 가압류결정(2012카단391 5)	청구금액 금87,760,000 원 채권자 신용보증기금 서울 마포구마포대로122(공덕동) (안양지점)
3	가압류	2012년9월12일 제50590호	2012년9월12일 서울서부지방법원의 가압류결정(2012카단857 3)	청구금액 금6,787,257 원 채권자 삼성카드 주식회사 서울 중구 태평로2가 250 (소관:신촌폴렉션지점)
4	가압류	2012년10월22일 제57366호	2012년10월22일 서울서부지방법원의 가압류결정(2012카단976 0)	청구금액 금10,571,260 원 채권자 주식회사 한국외환은행 서울 중구 을지로2가 181 (소관:카드채권관리팀)
5	가압류	2012년10월24일 제57964호	2012년10월24일 서울서부지방법원의	청구금액 금6,930,429 원 채권자 신한카드 주식회사(변경 전 : 엘지카드(주))

열람일시 : 2014년09월15일 17시32분17초　　　　　　3/6

〈등기부등본 갑구 샘플〉

순위번호	등 기 목 적	접 수	등 기 원 인	권 리 자 및 기 타 사 항
			결정(2013카단48)	경기도 안양시 만안구 화물로 12, 한송빌라 201호 (석수동, 한송빌라) 백 : (채권액금3,660,000원) 경기도 안양시 만안구 안양로369번길 60, 3층(안양동 829-6)
10	압류	2013년1월14일 제1937호	2012년12월12일 압류(세무1과-23842)	권리자 서울특별시은평구
11	압류	2014년6월17일 제31314호	2014년6월16일 압류(세무과-15388)	권리자 안양시(만안구)

【	을 구	】	(소유권 이외의 권리에 관한 사항)	
순위번호	등 기 목 적	접 수	등 기 원 인	권 리 자 및 기 타 사 항
1	근저당권설정	2003년10월27일 제73210호	2003년10월24일 설정계약	채권최고액 금360,000,000원 채무자 주식회사우신엔텍 경기도 안양시 만안구 안양동 196 유천팩토리아 비동 219호 근저당권자 중소기업은행 110135-0000903 서울 중구 을지로2가 50 (시흥남지점)
2	근저당권설정	2009년10월28일 제55569호	2009년10월28일 설정계약	채권최고액 금150,000,000원 채무자 주식회사 우신엔텍 경기도 안양시 만안구 안양동 196 유천팩토리아 비-218

열람일시 : 2014년09월15일 17시32분17초   5/6

〈등기부등본 을구 샘플〉

등기부 등본은 가장 중요한 것이 등기 일자이다. 등기일이 하루라도 빠른 권리가 경매 배당 시 가장 먼저 권리를 행사할 수 있기 때문이다. 전세나 월세로 입주하는 임차인은 같은 일자에 전입신고와 확정일자를 받더라도 2순위가 된다. '근저당'은 당일 효력이 발생하고 '전입신고'는 다음날부터 효력이 발생하기 때문에 그렇다. 법이 그렇다.

그다음은 '권리자 및 기타사항'란을 볼 줄 알아야 한다. 일단 그 란에 빨간 줄에 그어져 있다면 그 권리는 소멸하였으니 안심해도 된다. 빨간 줄이 안 그어져 있는 권리는 따져 봐야 한다. 내가 전입한 날보다 앞에 있는 권리라면 더욱 세심하게 알아보고 질문하고 따져야 한다.

10

'에프터리빙제(프리리빙제)' 사기

사례 1

"미분양 건설사 상술에 계약자들 '피해 속출', 계약자 이름으
로 전세자금 등 40억 대출받은 남성 구속"

2014년 3월 2일 경제투데이

직장인 김 모(40) 씨는 전셋값이 너무 오르자 일단 살아보고 분양
을 결정할 수 있다는 '전세형 분양제(애프터리빙제)' 아파트에 호감이 생
겼다. 하지만 생각보다 리스크가 많아 결국 계약을 포기했다. '건설사
가 부도날 경우 보증금을 돌려받을 수 있냐'는 김 씨의 질문에 해당
건설사 상담사가 확실한 답변을 못 했기 때문이다.

최근 미분양 아파트를 전세로 2~3년간 살아보고 실제 분양계약 여
부를 결정하는 애프터리빙제 아파트의 입주자 피해가 속출하고 있어
새로운 사회문제로 부각되고 있다. 보증금(분양 계약금)을 돌려받지 못하
거나 건설사의 대출금까지 떠안는 사례가 잇따르고 있는 것이다.

◇ 말로만 전세 입주… 분양 계약자 '무주택자 혜택 없고, 재산세
   중과 우려'

전세형 분양제는 미분양을 털기 위한 건설사들의 극단적인 마케팅 방법으로 '애프터리빙제', '리스크프리제', '분양조건부전세' 등 명칭만 다를 뿐 실체는 비슷하다. 2~3년간 전세로 살아본 뒤에 최종 분양받고 싶지 않으면 환매해준다는 것이 핵심이다.

애프터리빙제 아파트는 임대계약이 아닌 매매계약 형태여서 일반 전세와 다르지만 일반인들은 전세계약과 비슷하다는 말에 이끌려 피해를 보는 것이다.

무엇보다 계약과 동시에 소유권이 이전되는 방식이기 때문에 무주택자 청약 혜택을 받을 수 없다. 또 계약자가 이미 다른 주택을 소유하고 있다면 1가구 다주택자로 간주돼 재산세가 중과된다. 게다가 시행사들은 이자를 대신 부담한다는 조건으로 거주자(계약자) 명의로 대출까지 받는다.

더 심각한 것은 2~3년 뒤 약정기간이 끝나 집을 떠날 때다. 만약 시행사가 자금 여력이 없을 경우 거주자는 계약금을 되돌려 받지 못할 수도 있다.

대출금을 상환하지 못해 아파트가 경매로 넘어가면 주택임대차보호법상의 세입자 지위도 보호받지 못한다. 전세로 사는 것처럼 보일 뿐 실제 계약서상으로는 세입자가 아니라 엄연히 분양을 받은 예비 집주인이기 때문이다.

소비자 입장에선 분양가의 일부만 내고 새 아파트에 전세를 살 수 있다고 생각하기 쉽지만 광고만 보고 덜컥 계약했다간 자칫 보증금도 날리고 대출 빚까지 떠안아 낭패를 볼 수도 있는 것이다.

◇ 미분양 수도권 아파트, 2년 계약 지난 올해 '피해 현실화' 우려

이런 우려는 실제로 현실화되고 있다.

부산 강서구 명지동 명지퀸텀 2,866가구 대단지 아파트는 2010년 전세형 분양으로 265가구가 입주했지만 건설사가 부도나면서 입주자들은 건설사가 은행에 진 빚까지 떠안아야 하는 상황에 처했다.

전문가들은 전세형 분양제가 2012년부터 본격적으로 나왔기 때문에 2년이 지난 올해부터 피해 사례가 속출할 것으로 우려하고 있다.

특히 전세형 분양 아파트는 미분양 적체가 심한 경기 김포·일산·용인 일대에 가장 많이 포진돼 있다. 대표적인 수도권 일대 전세형 분양제 아파트로는 ▲GS건설 '일산자이 위시티' ▲두산건설 '두산위브더제니스' ▲대우건설 '대우 글로벌캠퍼스 푸르지오' ▲롯데건설 '롯데캐슬 아르떼' ▲신안건설 '신안실크밸리 3차' 등을 꼽을 수 있다.

박원갑 KB국민은행 부동산전문위원은 "건설업체들이 일시적으로 자금난을 벗어나기 위한 '시간벌기용 상술'로 애프터리빙을 악용하고 있는 것은 아닌지 의심스럽다"며 "정부는 전세난으로 고통받고 있는 무주택 서민들의 허점을 이용하고 있는 일부 애프터리빙에 대해 지금이라도 경각심을 갖고 대책을 마련해야 한다"고 말했다.

전문가들은 전세형 분양 아파트를 분양받을 경우 계약서를 꼼꼼히 살피고 위약금 등 불명확한 부분에 대해선 회사 측의 설명을 요구하는 등 꼼꼼하게 짚고 넘어가야 피해를 막을 수 있다고 조언한다.

분양업계 관계자는 "환불 조건과 위약금, 대출 이자, 시행사나 시공사의 재무 안정성 등을 면밀히 체크해야 한다"며 "상담사의 말만 믿고 덜컥 계약했다간 자칫 집을 떠안거나 보증금을 떼일 수 있어 전세형 분양 아파트 계약에 주의를 기울여야 한다"고 강조했다.

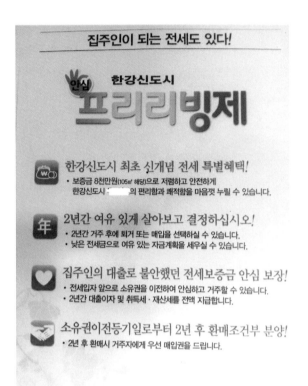

"'환매형 아파트'는 왜 폭탄이 돼 돌아왔을까?"

2014년 2월 6일 SBS 뉴스

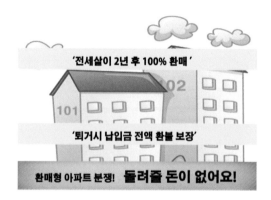

"2~3년 살아보고 결정하세요. 분양가의 20~30%만 내시면 되고요, 아파트가 맘에 안 드시면 그냥 나가시면 됩니다. 물론, 내신 돈은 다 돌려드립니다."

분양금의 20~30%만 내고 2~3년간 살아본 뒤 아파트 구매 여부를 최종 결정할 수 있다니, 참 매력적인 조건입니다. 목돈을 마련하기 어려운 서민 입장에선 더 끌릴 수밖에 없습니다. 바로, '환매형 아파트' 얘깁니다.

다시 팔 수 있다는 뜻으로 '환매형', 혹은 몇 년 살아보고 나갈 수 있다는 뜻에서 '전세형', 살아보고 결정하라는 의미로 '애프터리빙(After living)'으로도 불립니다. 살아보고 아파트 구매 여부를 결정할 수 있다는 점에서 소비자에겐 이상적인 계약입니다.

"돌려줄 돈이 없다. 재판이라도 하자."

증권사에 다니는 박 모 씨도 '전세금만 내면 새 아파트에서 2년간 살 수 있다'라는 분양 광고 조건을 보고, 2년 전 경기도에 있는 한 '환매형 아파트'를 계약했습니다. 분양가가 6억 원인 155제곱미터짜리 아파트를 1억 8천만 원만 내고 입주했습니다. 소유권 이전등기도 박 씨 앞으로 됐습니다. 중도금 4억 2천만 원에 대한 은행 대출은 박 씨 명의로 됐지만, 대출 이자는 건설사가 대신 내주기로 했습니다.

안타깝게도 박 씨의 미소는 오래가지 못했습니다. 계약 만료일을 석 달 앞둔 지난달, 박 씨가 새 전셋집을 찾기로 하고 계약금을 돌려달라고 하자, 건설사는 돌연 말을 바꿨습니다. 자금난 때문에 돌려줄 돈이 없다는 겁니다. 대신 도의적인 책임을 지고, 2년 치 이자 3천만 원만 주겠다고 했습니다.

입주자가 원하면 계약금을 돌려주기로 한 약속은 어디 가고 인제 와서 딴소리한다며 강하게 따졌지만, 건설사는 이 돈이라도 받고 나가든지 아니면 법정에 가든지 마음대로 하라고 오히려 큰소리쳤습니다.

박 씨는 건설사가 제시한 조건을 절대 받아들일 수 없다고 말합니다. 집값이 분양 당시보다 크게 떨어졌기 때문입니다. 당시 6억 원이던 집값이 지금은 4억 원까지 내려갔습니다. 박 씨가 건설사로부터 돈을 돌려받지 못하면 박 씨는 앉아서 2억 원을 손해 볼 수밖에 없습니다. 게다가, 입주 당시 받았던 대출금에 따른 이자만으로도 매달 백만 원 넘게 내야 합니다.

'환매형 아파트' 3만 2천5백여 가구… 상당수가 위험

더 큰 문제는 박 씨와 비슷한 처지에 놓인 사람이 한두 명이 아니라는 점입니다. 국회 국토교통위원회 소속 김태원 의원(새누리당)에 따르면, '환매형 아파트'는 전국에 25개 단지, 3만 2천5백여 가구에 이릅니다.(이 가운데 부산 2곳을 제외한 23개 단지가 수도권에 몰려 있는데, '미분양 무덤'으로 꼽히는 경기도 고양, 용인, 김포 파주에 절반에 가까운 12개 단지가 있습니다.)

전문가들은 오랫동안 지속된 건설경기 불황으로, 이들 건설사 상당수가 심각한 자금난을 겪고 있다고 지적합니다. 건설사가 자금 여력이 없거나 부도가 나면, 그로 인한 피해는 입주자가 고스란히 떠안게됩니다. 건설사가 계약자 명의로 은행 대출을 받았기 때문입니다.

실제로 지난 2010년 부산 강서구 명지동의 한 대단지 아파트에 '환매형 분양'으로 265가구가 입주했지만, 건설사가 2년 뒤 부도나면서 계약금을 돌려받기는커녕 건설사가 은행에 진 빚까지 입주자가 모두떠안아야 했습니다.

입주자들은 금융채무 불이행자(신용불량자)로 전락했고 소유권마저 은행에 빼앗겼습니다. '환매형 분양 입주자'는 세입자가 아니라 건설사가 은행 대출을 갚지 못해 아파트가 경매로 넘어가면 임대차보호법을 적용받지 못하기 때문입니다.(다행히 전체 입주민 261가구 가운데 166가구는 지난달 중순, 부산시와 새누리당 김도읍 의원 등의 중재로 소송을 취하하는 데 합의했습니다.)

"환매형 아파트는 경영난을 타개하기 위한 임시조치였다."

그럼, 이런 '환매형 아파트'란 제도는 왜 생겼을까요? 근원적인 문제는 '건설경기 침체'에 있습니다. '환매형 아파트'가 처음 등장한 2007년 당시, 금융위기 때문에 전국적으로 아파트 미분양 사태가 속출했습니다. 아파트를 팔지 못하는 상황에서 건설사의 경영이 어려워졌습니다.

건설사들은 그런 미분양 아파트를 더는 남겨 둘 수 없었습니다. 건설사 입장에선 당장 손해를 보더라도 '언 발에 오줌 누기' 식으로 어떻게든 현금을 마련했어야 했습니다.(건설사들은 계약금과 중도금 대출을 통해서 한 채당 현금 수억 원을 확보할 수 있었습니다.)

그 과정에서 '환매형 아파트'라는 신상품이 나오게 됩니다.(일부 전문가는 '환매형 아파트'를 생명이 위중한 환자에게 산소호흡기를 달아주는 상황에 비유했습니다.)

소비자로서도 '환매형 아파트'는 당연히 매력적으로 보일 수밖에 없었습니다. 앞서 말씀드렸던 것처럼, 전세처럼 한 2~3년 살다가 분양 여부를 결정할 수 있는 데다, 건설사가 관리비랑 대출 이자도 대신 내주고, 또 분양 면적이 넓은 평수에 대해서는 매월 백만 원가량의 생활비까지 제공하는 곳도 있었기 때문입니다. 게다가, 대리 주차라든지 요트클럽, 헬스클럽 무료 이용 등 각종 편의 제공도 등장했습니다.

그런데 집값이 오를 거라는 모두의 기대와 달리 집값은 계속 내려갔습니다. 법대로 한다면 내려간 집값도 당연히 건설사가 부담하는 게 맞습니다. 하지만, 심각한 자금난에 시달리고 있는 건설사들은 그런 능력이 없었습니다. 결국, 피해는 다시 소비자들에게 돌아오게 된 겁니다.

정부가 나서기도 어려운 상황

그렇다고 이 문제를 해결하기 위해 정부가 나서기도 어려운 상황입니다. 애초 이 '환매형 아파트'가 국가정책으로 시작된 것도 아닌 데다, 지금은 영세민을 위한 주거복지 문제가 더 시급하기 때문입니다. '환매형 아파트' 구매자들은 영세민들에 비하면 상대적으로 유리한 상황에 있는데, 과연 그 사람들의 피해를 국민 세금으로 보상해주는 게 정당한가, 라는 문제가 발생하기 때문입니다.

이처럼 '환매형 아파트'에 대한 문제가 불거지자, 금감원은 미분양 아파트와 관련된 집단 담보대출에 대한 점검에 나섰습니다. 또, '환매형 아파트'가 소비자들에게 피해를 줄 수 있다는 점을 사전에 알려 피해를 막기 위한 조치에 들어갔습니다. 하지만, '환매형 아파트' 입주민에 대한 현실적인 해결책은 없다고 보는 게 맞을 거 같습니다. 건설사가 어떻게든 돈을 마련해 돌려주길 기대할 수밖에 없는 상황입니다.

따라서 분양계약서를 작성할 땐 무엇보다 건설사의 재무 상태나 경영 상태를 꼼꼼하게 따져보는 게 필요합니다.

♥ 사기 대처법

사례 1), 2) 기사에 모든 내용이 잘 정리되어 있다. 건설사 입장에서 미분양 된 아파트를 매매하려 해도 팔리지 않는 현실을 벗어나기 위해 만든 교묘한 작품이다. 광고는 이렇게 만들어서 세입자를 유인한다.

"2년간 전세로 살아보고 판단하세요. 관리비도 건설사가 지원합니다."

그 어디에도 2년이나 3년 후에 집에서 세입자가 마음대로 나간다는 보장 내용은 없다. 세입자가 받을 수 있는 혜택만 강조한 것이다. 새로 지은 고층 아파트를 주변의 전세 시세로 입주한다는 것이 엄청난 메리트로 느껴질 수밖에 없다.

의심해 봐야 한다. 본인이 어떤 계약서에 서명을 하는지, 전세계약서인 줄 알았더니 조건부 매매계약서인지, 또한 최악의 경우 건설사나 분양사가 되돌려줄 돈이 없는 상황이 된다면 정말로 전세 보증금을 돌려받을 수는 있는지에 대한 대비를 하지 않으면 사례 1)의 경우처럼 건설사 부도 → 은행 대출금 회수 불능으로 경매 신청 → 세입자 후순위로 보증금 회수 불가 이런 순서로 이어지게 되는 것이다.

비약이 심할 수도 있지만 불을 보고 날아드는 나방을 잡을 때 화려하고 센 빛을 내듯이 건설사들도 화려함과 혜택만을 앞세워 자신들의 사업 손실을 돈 없고 정보가 약한 세입자에게 넘기는 이런 모습에 당하지 않아야 한다.

11
불법 건축물 임대 사기

서울에만 5만 7,190동의 불법 건축물이 있는 것으로 조사됐다고 한다. 하지만 이는 적발돼 파악된 숫자로, 적발되지 않은 것까지 감안하면 실제로 더 많을 것이라고 업계는 추산한다. 오죽하면 재정난을 겪는 지방자치단체들이 전담 단속반을 꾸릴 경우 이들이 내야 하는 이행강제금이 웬만한 부대수입을 압도할 정도로 많을 것이란 얘기까지 나온다. 게다가 불법 건축을 통해 벌어들이는 임대소득에 대한 세금도 제대로만 걷는다면 세수 확보에 큰 도움이 된다.

여기서 말하는 불법 건축물이란 해당 지방자치단체에 건축물 허가를 받지 않은 건축물(옥탑방, 1층 주차장 옆 원룸 등)을 말한다.

이런 부동산은 두 가지 문제점을 안고 있다. 먼저, 불법 건축물이기 때문에 주민센터에서 전입신고를 받아주지 않는다. 전입신고를 할 수 없다는 건, 최악의 경우 경매가 진행되어도 보증금을 받을 수 없다. 경매낙찰금에 대한 배당신청 자격이 안 되는 것이다. 자격이 되려면 전입신고가 되어 있고, 거주를 하고 있어야 한다. 이 두 가지를 성립해야 소액임차인 우선변제금을 받을 수 있다.

두 번째로는 무허가 건축물은 소방시설 점검을 받지 않았기 때문에 문제 발생 시 가스레인지나 가스보일러 같은 생활 필수 기구를 쓰지 못하게 되기도 한다.

건축물대장이 없는 부동산은 입주하면 안 된다. 아무리 싸도! 그래도 살아야 한다면 보증금을 최대한 낮게 계약해야 보증금을 떼이는 상황에 대비할 수 있다.

사례 1

"'法' 밖으로 내몰린 세입자들… 위험한 '옥탑방'"
불법 건축물 기승…보증금도 불안

2014년 3월 13일 머니투데이

다가구주택 등에 '옥탑방'과 같은 불법 건축이 기승을 부리면서 싼 값에 임대차계약을 한 저소득 세입자들이 위험에 노출돼 있다는 지적이다. 주민등록 이전은 고사하고 확정일자도 받을 수 없어 자칫 보증금을 떼일 수 있음은 물론, 월세 소득공제 등 법으로 정한 최소한의 혜택도 받지 못하기 때문이다.

정부는 이 같은 문제를 해결하기 위해 올 1월부터 '특정건축물 정리에 관한 특별조치법'(일명 옥탑방 양성화법)을 시행해 건축법을 위반한 중·소 규모 주거용 건축물 양성화에 나섰다. 하지만 불법 건축물 자체를 없애지 않는 한 양성화만으론 큰 실효성이 없다는 게 전문가들의 공통된 지적이다.

13일 서울 관악구청에 따르면 현재 관내 21개 동에 소재한 불법 건축물은 4,249건이다. 이어 동대문구가 1,549건, 중구 1,100건이며 구로구와 강서구는 각각 511건과 135건에 달한다. 불법 건축물은 해당 구청에서 따로 관리하기 때문에 통합 자료를 구할 수 없는 게 현실이다.

그나마 구청에 불법 건축물로 등록된 건수는 주변 신고를 받아 적발된 경우다. 여건상 전수조사를 할 수 없어 실제 불법 건축물은 이보다 훨씬 많을 것이란 게 각 구청의 설명이다.

구로구 관계자는 "공무원 한 명이 여러 동을 맡고 있는 여건상 건축물의 용도 위반을 전수 조사할 수 없는 실정"이라며 "연면적 2000㎡ 이상 중·대형 건물은 1년에 한 번씩 단속을 하지만 주거용 건물은 신고가 들어오지 않으면 적발하기 쉽지 않다"고 설명했다.

상황이 이렇다 보니 불법 건축물 양성화 조치가 과거에도 여러 차례 이뤄졌지만 실효성이 크게 떨어졌다는 지적이다. 국토부에 따르면 △2000년 2,642건 중 562건(21%) △2006년 2만 3,325건 중 1만 2,378건(53%) 등으로 조사됐다. 올해는 4만 2,000여 건 중 2만 7,000건이 양성화될 것이란 게 국토부의 예상이다.

가장 큰 문제는 이들 불법 건축에 따른 세입자들의 피해다. 불법 건축물로 적발되면 이행강제금 부과 등의 조치를 당하기 때문에 집주인들은 세입자에게 전입신고나 확정일자를 받지 못하도록 강제한다. 더구나 이 경우 해당 건물은 화재보험도 들 수 없다.

확정일자를 받지 못하기 때문에 집이 경매로 넘어갈 경우 보증금을 떼이는 일도 다반사다. 은행에서 전세자금대출도 받지 못하기 때문에 대부분 월세로 계약할 수밖에 없는데도 월세소득공제를 신청할 수 없다.

관악구 신림로 인근 옥탑방에 거주하는 강 모 씨는 "요즘 전셋값이 치솟는 상황에서 비교적 싼 값에 깔끔하면서 넓은 집은 옥탑방이 최고"라며 "오죽하면 불법인 줄 알면서도 세 들어 살겠냐"고 하소연했다.

이영진 고든리얼티파트너스 대표는 "건물주들이 임대 수익을 늘리기 위한 방법으로 '방 쪼개기'로 불리는 가구 분할도 심각한 문제"라며 "도심지 주차난, 주거환경 악화, 화재보험 미가입에 따른 화재 발생 시 세입자를 비롯한 각종 피해가 우려된다"고 지적했다.

사례 2
"서울 고려대 주변 원룸촌 수백 명 졸지에 '난민' 된 사연"

2014년 07월 29일 국민일보

소방서에서 안전 점검을 위해 실시하는 소방 단속을 피하려고 서울 고려대 주변의 원룸 건물주들이 '꼼수'를 부리고 있다. 단속에 걸리지 않기 위해 불법 개조했던 싱크대 등을 갑자기 뜯어내는 통에 애꿎은 학생들만 피해를 입고 있다. 자취생 수백 명이 졸지에 집에서 밥도 못 해먹는 처지가 됐다.

서울 성북소방서는 지난달부터 성북구 일대 건물에 대한 소방 전수 조사를 벌이고 있다. 불법 개조 시설이 밀집한 고려대 후문 원룸촌에는 비상이 걸렸다. 많은 건물주들이 건물 용도를 고시원으로 신고한 뒤 생활주택(원룸)으로 개조해 운영해 왔기 때문이다.

생활주택은 일정 비율 이상의 주차 공간을 의무적으로 확보해야 하지만 고시원으로 신고하면 주차장 만들 공간에 방을 늘려 더 많은 임대료를 받을 수 있다. 고시원은 공동 취사 시설만 설치할 수 있는데 이런 건물은 대부분 개별 취사 시설을 불법으로 설치한 뒤 원룸으로 광고해 임차인을 끌어 모은다.

건물주들은 각 방에 설치된 싱크대와 가스·전기레인지 등 불법 시설을 부랴부랴 철거해 일단 점검만 통과한 뒤 다시 설치하려 하고 있다. 이들의 얄팍한 꼼수로 인한 피해는 오롯이 학생들에게 돌아간다. 철거공사 기간에 이런 원룸 거주 학생 수백 명이 지낼 곳을 찾아 전전하고 있다.

고려대 공과대 3학년 김 모(23·여) 씨는 "집주인이 싱크대와 전기레인지를 떼어내야 하니 공사가 끝날 때까지 방을 비우라고 했다"면서 "싱크대 뗄 때 나온 석면가루를 청소하는 것도 내 몫"이라고 불평했다. 김 씨는 당분간 친구 집 신세를 지기로 했다.

사범대 4학년 이 모(24) 씨는 "공사 기간에 물이 안 나와 씻을 수 없는 건 둘째 치고 방에 있는 소지품들이 망가지는 것도 걱정"이라며 "월세라도 일부 돌려줘야 하지 않느냐"고 토로했다.

그러나 세입자 입장에서는 매 학기 벌어지는 '원룸 전쟁'을 생각하면 집주인에게 마음대로 항의하기도 어렵다. 공과대 4학년 김 모(26) 씨는 "학교 주변은 방 구하기가 워낙 어려운 데다 월세도 꾸준히 오르고 있어 주인이 부당한 요구를 해도 거절하기 어렵다"고 털어놨다.

〈대안〉

국토교통부에서는 행복주택제도를 시행하고 있다. 이 제도는 학생과 신혼부부를 타깃으로 한 주거복지 정책이다. 이런 정책을 잘 이용하면 적은 보증금으로 교통이 좋은 곳에 살 수 있다. 물론, 경쟁은 치열하다.

아래 국토교통부에서 알리는 이미지를 보고 수시로 관련 사이트를 들러보는 것이 좋다.

행복주택 소개

행복주택은 대학생 · 신혼부부 · 사회초년생 등을 위해 직장과 학교가 가까운 곳이나 대중교통 이용이 편리한 곳에 짓는 임대료가 저렴한 공공임대주택입니다.

행복주택이 지어지는 곳에는 행복주택 외에 국공립어린이집, 고용센터, 작은도서관 등 다양한 주민편의시설도 함께 만들어집니다.

'14년에는 많은 지방자치단체의 사업 참여로 전국 38개 지구에서 2만6천호 규모로 사업을 진행하고 있습니다. '17년까지 총 14만호의 행복주택이 공급될 계획입니다.

행복주택은 젊은이들에게는 희망을, 지역에는 활력을 불어 넣어 줄 것입니다.

입주자격

입주계층별 공급비율

○ 젊은계층(대학생·사회초년생·신혼부부) : 80%
○ 취약계층 : 10%
○ 노인계층 : 10%

계층별 입주자격

구 분	입주 자격(모집공고일 기준)	소득 기준
대학생	인근(연접 시·군 포함)대학교에 재학 중인 미혼 무주택자	본인·부모 합계 소득이 평균 소득*의 100% 이하, 국민임대주택 자산 기준 충족(본인)
사회초년생	인근 직장에 재직 중인 취업 5년 이내 미혼 무주택자	본인 소득이 평균 소득의 80% 이하(세대는 100% 이하), 5년·10년 공공임대주택 자산 기준 충족
신혼부부	인근 직장에 재직 중인 결혼 5년 이내 무주택세대구성원	세대 소득이 평균 소득의 100% 이하(맞벌이시 120% 이하), 5년·10년 공공임대주택 자산 기준 충족
노인계층	해당 지역(시·군)에 거주하는 65세 이상의 무주택세대구성원	세대 소득이 평균 소득의 100% 이하, 5년·10년 공공임대주택 자산 기준 충족
취약계층	해당 지역에 거주하는 주거급여수급 대상자인 무주택세대구성원	국민임대주택 자산 기준 충족
산단근로자	해당 지역에 위치한 산업단지에서 근무하는 무주택세대구성원	세대 소득이 평균 소득의 100% 이하(맞벌이시 120% 이하), 5년·10년 공공임대주택 자산 기준 충족

* 도시근로자가구 월평균소득 기준('14년 100% 461만원, 80% 369만원, 120% 553만원)
* 무주택세대구성 : 주택을 소유하고 있지 않은 세대의 세대주
* 무주택세대구성원 : 주택을 소유하고 있지 않은 세대의 세대주 및 세대원
* 무주택자 : 주택을 소유하고 있지 않은 자(세대 내 다른 구성원이 주택을 소유해도 무방)

12
합법적으로 당하는 사기

1) 경매 배당 순위에 의한 사기

이 책에서 다루기에 다소 부담스럽지만 이런 맹점으로 인해서 사람들이 피해를 보고 있다는 것이 법의 정의 정신과는 멀어 보여 몇 가지 인용해보고자 한다.

아래 뉴스는 최근에 나온 기가 막히고 코가 막힐 뉴스다. 일반인이 보기에는 정말 이해할 수 없는 상황의 연속이다. 뉴스의 요점은 세법과 경매의 모든 상황이 세입자에게 불리한, 아니 아예 배려조차 없는 상황이다.

사례 1

"집주인 탈세 대신 메울 판… 덫에 걸린 세입자들"

2014년 11월 17일 연합뉴스

"나는 옷가게, 언니는 백화점에서 7~8년 동안 일해 모은 전 재산이 어떻게 이렇게 허망하게…"

집주인의 탈세 혐의가 확정돼 전셋집이 조만간 경매에 넘겨질 처지인 서울 강남구 논현동의 한 빌라에 사는 이 모(33·여) 씨는 17일 감정이 북받친 듯 쉽게 말을 잇지 못했다. 이 씨는 3년 전 백화점 판매원인 언니와 함께 집주인 류 모(73·여) 씨에게 전세금 2억 원을 내고 방두 개와 거실, 주방 등을 갖춘 투룸을 빌렸다. 두 사람이 가진 돈만으로는 부족해 부모님이 대출까지 내 전세금을 맞춰줬다고 한다.

문제는 지난해 초, 검찰이 부동산 양도소득세와 체납 가산세 등 41억 원을 고의로 내지 않은 혐의(조세범처벌법 위반 등)로 류 씨와 류 씨의 전남편인 사업가 홍 모(76) 씨를 기소한 것이다.

홍 씨는 2005년 협의이혼을 하면서 류 씨에게 해당 빌라를 포함한 재산 대부분을 넘겼고, 직후 제주도의 100억 원대 부동산도 매각했지만 대금을 회사 직원이 들고 달아나 세금을 낼 형편이 되지 못한다고 주장해 왔다.

국세청이 낸 소송에서 법원은 두 사람의 이혼을 무효라고 단정할수 없지만, 이혼 과정에서의 재산분할 행위는 무효라고 판결했다.

서울고등법원 제19민사부는 지난 9월 "재산분할 약정은 홍 씨의 재산을 재산분할의 형식을 통해 류 씨 명의로 숨긴 것에 불과해 무효"라고 판시했다.

이후 류 씨는 대법원에 상고했으나 인지세를 내지 못해 기각됐고, 판결이 지난달 확정됐다. 결국 이 빌라는 다시 홍 씨 소유가 된 것이다. 그러나 정작 직격탄을 맞은 것은 류 씨에게 전세금 35억 원을 맡기고 이 건물에 사는 세입자 16가구 46명이라고 한다.

류 씨가 돈이 없다며 전세금을 돌려주지 않는 상황에서 건물이 세금 추징을 이유로 경매에 넘겨지게 되면 밀린 세금이 먼저 변제될 가능성이 크기 때문이다.

한 변호사는 "선의의 제삼자란 점을 들어 국세청과 우선변제권을 다툴 여지가 있긴 하지만 세입자들이 불리한 것이 사실"이라고 말했다.

세입자들은 경매를 통해 빌라를 사들인 새 주인에게 '대항력'(건물주가 바뀌어도 기존 계약 내용을 주장할 수 있는 권리)을 주장할 수 있지만, 법원이 국세청에 우선변제권을 주면 대항력도 인정되지 않을 수 있다는 것이 전문가들의 판단이다.

이 씨는 "나는 그나마도 확정일자를 늦게 받아 우선변제권에서 밀리면 말 그대로 길바닥으로 쫓겨나게 된다"면서 "올해 결혼할 예정이던 언니는 비용 문제 때문에 결혼이 파투났다"고 토로했다.

다른 세입자들도 사정이 나쁘기는 매한가지다.

최근 아파트를 분양받은 30대 부부는 전세금을 돌려받지 못한 상황에서 잔금을 치르느라 3억 원이 넘는 대출을 낸 뒤 매달 200만 원씩 이자와 원금을 갚고 있다.

각각 15년, 13년씩 일해 모은 돈 3억 원을 몽땅 떼일 처지가 된 40
대 회사원은 스트레스성 간염으로 3개월간 입원했고, 부인은 난임 치
료를 포기했다.

국세청은 세입자들이 류 씨 등을 상대로 소송을 진행할 수 있도록
가급적 공매 시점을 늦출 방침이다. 국세청 관계자는 "전세금은 통상
안전자산으로 굴려서 언제든 돌려줘야 하는데 할머니가 혼자 다 썼
다는 것이 말이 되느냐"면서 "피해자인 세입자들이 법적 대응을 할
수 있도록 충분히 시간을 줄 것"이라고 말했다.

하지만 당장 정부를 상대로도 재판을 벌여야 할 판인 세입자 상당
수는 가구당 수천만 원에서 많게는 억대에 이를 소송 비용을 감당할
처지가 못 된다고 한다.

익명을 요구한 세입자는 "결국 집주인이 체납한 세금을 세입자들이
대신 갚게 되는 셈"이라면서 "국세청은 홍 씨와 류 씨가 자식들에게
돈을 빼돌렸는지는 조사할 권한이 없다는데 이건 말이 안 되는 것 아
니냐"고 분통을 터뜨렸다.

왜 이런 일이 일어나고, 왜 세입자들은 최악의 경우 보증금 35억 원
을 받지 못하게 될까?

경매 절차에서 배당이라는 것이 있다. 낙찰자가 납부한 경매 입찰 금
액을 법원이 채권자들에게 나누어주는 일종의 법적 행위이다. 그런데
배당에는 순위가 있다. 다시 말해서 돈을 주는 순서가 있다는 것이다.

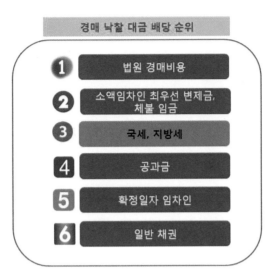

경매 낙찰 대금 배당 순위

1. 법원 경매비용
2. 소액임차인 최우선 변제금, 체불 임금
3. 국세, 지방세
4. 공과금
5. 확정일자 임차인
6. 일반 채권

위의 표를 보면 배당 순위상 국세가 확정일차 임차인보다 앞서 있다. 이런 법을 아는 사람이 대한민국 성인 중 몇 명이나 될까? 나도 부동산 10년을 공부하고 투자하면서 처음 보는 어처구니없는 상황이다.

이 뉴스에 달린 댓글이다.

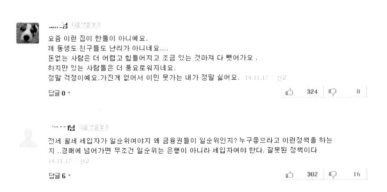

전세, 월세 세입자의 권리가 왜 보호받지 못하는 것이냐에 초점이 집중되고 있다. 당연히 받을 수 있을 거라 여기는 선순위 세입자 보증금이 국세청의 세금 추징으로 국가가 가져갈 수도 있다.

국세청도 할 말은 있을 거다. 국가의 정당한 집행 절차를 진행하는 데 세입자의 입장까지 생각할 수는 없다고 할 수 있겠다. 하지만, 홍씨의 탈세 추징 전에 다른 감춰진 재산은 없는지 확인하는 게 우선이 아닐까? 또 다른 방법으로 세금을 추징할 수는 없는 걸까?

금융권의 근저당만 없으면(부동산등기부상 볼 수 있는) 전세를 들어가 살아도 보증금이 안전하다고 알고 또 믿고 있는 이 시대의 세입자들에게 법은 냉혹하기만 하다.

<u>입법권을 가진 국회의원들, 국토교통부, 법원 공무원들은 이런 상황을 인식하여 확정일자 임차인의 배당 순위를 2위로 바꾸는 절차를 해주길 요청한다. 왜냐하면, 일반인들이 체납 세금을 일일이 알아볼 수도 없거니와 특히 이런 경우 법적 소송으로 부동산 소유주가 바뀌고 세금 추징으로 경매까지 가는 경우를 예상하기 어렵기 때문이다.</u>

다른 한편으로는 위와 같은 상황에 국세청이 경매를 신청하여 배당이 진행된다면, 뉴스의 제목처럼 탈세자는 돈 한 푼 안 내고 억울한 세입자가 그 탈세를 물어주게 되는 좋지 않은 선례가 남게 된다. 그리고 이걸 이용하는 악덕 부동산 소유주가 나타날 것이 불을 보듯 뻔하다.

전세, 월세 사는 사람들은 보증금이 전 재산이다. 또 어떤 이들은 그중 전부 또는 일부가 전세자금 대출이기도 하다. 전 재산을 날리는 사람들! 그것도 국가가 보증금을 가져간다면 사회문제가 되지 않을까. 국세청은 힘을 가진 기관이고, 세입자는 그저 주거의 안정을 바라는 약자이니 강자가 약자를 배려하는 작은 배려가 필요한 시점이다.

2) 과다 대출 부동산 계약 사기

이 경우는 앞서 일곱 번째 사기 유형에서도 언급하였지만 금융권에서 해주는 최대 금액 대출 또는 그 유사한 금액을 근저당 설정하고도 세입자와 임대차계약을 진행하면서 세입자보증금으로 대출금을 상환할 것처럼 하고 상환하지 않아 경매가 진행되어 세입자가 보증금을 반환받지 못하게 될 경우 집주인을 사기죄 또는 유사죄로 처벌할 수 있게 해야 한다. 법에 정하는 형량이 세입자 보증금을 탈취하는 금액보다 크다고 했을 때, 그런 악질 행위가 근절되지는 않겠지만 현저히 낮아질 거라 생각한다.

물론 법으로 정해 놓는다고 해도 사기꾼들이 사기를 치지 않으리란 보장은 없지만, 국민들이 주거의 권리를 누릴 수 있도록 국가에서 최소한의 노력은 해주어야 하지 않을까?

현재로는 세입자가 스스로 소유주에게 보증금 반환 민사소송으로 보증금을 돌려달라고 해야 하는데, 설사 소송에서 이긴다고 하더라도 소유주 명의의 동산, 부동산이 없다면 소송비용만 허비하는 이중 고통을 맛보게 된다.

따라서 대출이 많은(시세의 60%가 넘는 대출이 있는 부동산)을 계약할 시에는 반드시 특약사항에 대출상환에 대한 조건을 명시하게 해야 하며, 보다 정확하게 사기에 대처하기 위해서는 대출을 해준 금융권 담당자와 직접 통화 후 그 금융권 계좌로 송금한다고 하면 된다. 이걸 거부한다면 계약하지 마시길. 왜냐고요? 사기 가능성 99%!

실제로 부동산경매로 낙찰을 받은 후 기존의 세입자와 만나보면 이런 사기가 비일비재하다.

1년 전 낙찰받은 경기도 김포 빌라에서 일어난 실제 사례이다.

낙찰받은 빌라에 일요일 오전에 가면 만날 수 있을 것이라는 예상은 맞았다. 1층 현관에 번호키가 있어 더 이상 진입이 안 된다. 1층 집의 창문을 두드려 현관에 들어갔다.

분명 사람은 살고 있어 보이는데 주민센터의 주민등록상에는 아무도 살지 않는 상황이다. 몇 가지 가설을 세워 준비하긴 했지만 막상 문을 두들기고 만나 보니 너무 싱겁다.

자다 일어나 보이는 부스스한 얼굴로 젊은 부부 또는 연인은 나를 경계한다. 자초지종을 물어보니 보증금 300, 월세 35만에 2년 전 계약해서 살고 있단다.

"주소 이전은 왜 안 했어요?"

"…"

"계속 사실 건가요? 아님 이사하실 건가요?"

"보증금을 받아야 어디로 이사를 하죠."

"누구한테 보증금을 받으실 건가요?"

"전 주인한테 받을 수 있다던데요?"

착하게 보이는 이 부부를 어찌 해야 하나?

이사를 하든 계속 살든 어른들과 잘 논의하고 연락을 달라고 하고 작은 원룸을 나왔다. 주소 이전만 했더라도 보증금은 받을 수 있는데, 그런 정보도 모르는 20대.

어제 전화가 왔다. 빌라를 관리한다는 부동산 여사장이 차분하게 말한다.

"이 친구들 너무 착하고 성실한데 보증금 없이 월세만 내고 살게 해주면 안 될까요? 1월에 경매가 시작돼서 물어보길래 월세를 내지 말라고 말해주었는데도 6월까지 월세를 꼬박꼬박 낼 정도로 착한 청년이에요."

"사장님! 사장님도 부동산업을 하고 계신 분이 그런 상황을 보고만 계셨어요? 적극적으로 알려 주셔야지요. 그리고 보증금을 조금이라도 마련하라고 하세요. 이런 것도 그 부부한테는 공부가 될 테니. 월세는 5만 원 정도 낮춰준다고 하시고."

이처럼 많은 사회 초년생들이 주거를 위해 부동산을 계약하고 살아가지만 기본적인 상식이 부족한 채로 어른들에게 당하는 것이다. 계약 시점부터 중요한 여러 가지 검증할 것들은 따로 정리하기로 하고 <u>일단 자신이 거주하는 집에 경매가 진행된다는 법원 서류를 우편으로 받게 되면, 월세 세입자는 집주인에게 월세 보내는 걸 중지해라.</u>

김포빌라 세입자의 경우 6개월 월세만 아꼈더라도 210만 원을 아낄 수 있었다. 이 금액이면 월세 보증금의 70%를 회수할 수 있는 기회였다. 경매가 진행되는 순간 집주인의 권리는 사라진다고 봐도 되기 때문에 월세를 꼬박꼬박 6개월 동안 받은 집주인은 아주 못된 사기꾼인 것이다.

<u>전세 세입자라면 일단 두 가지 경우로 나누어 대응 전략을 짜야 한</u>

다. 먼저, 근저당권자의 순위보다 앞서서 주소 이전과 확정일자를 받아 놓았다면 안심할 수 있다. 이런 경우 배당 신청을 해도 되고 안 해도 된다. 배당 신청을 하면 법원에서 해당 보증금을 먼저 받을 수 있고 배당 신청을 하지 않는다면 선순위(부동산등기권리의 우선 여부) 세입자이므로 낙찰받은 사람에게 보증금을 받을 수 있다.

그래서 은행권은 세입자가 있는 부동산은 대출을 꺼린다. 최악의 경우 경매로도 자신들의 채권을 확보할 수 없기 때문이다. 집주인이 주소 이전을 조금만 미루거나 잠시 다른 곳으로 이전했다가 다시 원래 집으로 이전해달라는 부탁을 하는 경우가 생긴다면 절대 'NO'라고 해야 한다.

'YES'라고 하는 순간 당신은 문제 발생 시 후순위 채권자로 밀려 보증금을 모두 받을 수 없게 된다.

두 번째로, 대출이 껴 있는 부동산에 살고 있다면 골치 아픈 일을 헤쳐 나가야 한다. 부동산경매를 아는 지인, 친지들에게 도움을 요청해야 한다. 아무도 없다면 법무사에게 상담을 하거나 최소한 네이버 지식in에라도 모든 상황을 꺼내놓고 물어봐야 한다. 그래야 보증금 중 얼마나 건질 수 있는지 알 수 있고, 이후 어떻게 대처해야 하는지 답이 나온다.

그리고 법원에서 내라고 하는 서류(임대차계약서, 주민등록초본, 임차보증금 영수증 또는 은행송금내역서)는 법원에서 요청하는 일자 안에 꼭 내야 한다. 이마저도 안 한다면 적은 돈도 건질 수 없게 되는 것이다.

[전월세 사기에 임해야 할 자세 정리]

1. 의심하라! Why? 무엇 때문에?

정상적인 거래(시세 30% 이하의 근저당설정, 주변 전·월세 시세와 비슷한 보증금, 부동산 소유주와 중개인, 세입자 3자가 계약 체결)가 아닌 이유에 대해서 끊임없이 질문하고 그 질문에 대한 답이 명확하지 않다면 그 계약은 하지 말아야 한다.

세상에 수십만 건이 넘는 집이 존재한다. 그 집이 아니면 안 되는 이유가 있는가? 혹시 집의 겉모습(화려한 인테리어, 새집, 낮은 가격)에 몰입되어 다른 조건은 양보해도 된다고 생각하는가? 그 양보가 만에 하나 당신이 가진 전 재산을 잃을 수도 있다는 가정을 해 보았는가? 그런 사기는 드라마에서만 나오는 것이 아니다. 나만 피해갈 수 있는 일이 아니기 때문에, 그리고 돈이 오가는 모든 절차는 의심이 기본이기 때문이다.

2. 확인하라! 또 확인해야 한다.

전·월세를 계약서에 도장을 찍기 전까지 모든 서류를 꼭 확인해야 한다. 한 가지라도 빠진 상태에서 계약을 하자고 하면 왜 빠졌는지 물어보고 이유가 합당하지 않으면 계약하지 말아야 한다. 정상적인 주인이나 부동산 중개인은 계약이 이루어지려면 제시하는 것이 맞다.

아래 다섯 가지는 전·월세 사기에 가장 많이 빠져 있는 항목이다.

① 부동산등기부등본

② 건축물대장

③ 소유주의 신분증

④ 부동산 중개인의 자격증

⑤ 소유주의 국세, 지방세 완납증명서

건축물대장 샘플

건축물의 소재, 번호, 종류, 구조, 건평, 소유자의 주소, 성명 등을 등록하여 그 상황을 명확하게 기록해 놓은 장부를 말한다. 시장·군수·구청장이 건축물과 그 대지의 현황을 적어서 보관한다.

건축물대장은 일반건축물대장과 집합건축물대장이 있다. 전자는 일반건축물에 해당하는 건축물 및 대지에 관한 현황을 기재한 대장이고, 후자는 집합건축물에 해당하는 건축물 및 대지에 관한 현황을 기재한 대장이다. 이것은 건축물 1동을 단위로 건축물마다 작성하고 부속건축물이 있으면 그것은 주된 건축물대장에 포함하여 작성한다.

집합건축물 대장은 표제부와 전유부분專有部分으로 나누어 작성한다. 건축물대장은 건축물의 사용승인서를 내준 경우, 건축 허가 대상 외의 건축물은 공사를 끝낸 후 기재를 요청한 경우 등에 기재한다.

이미 등기된 건축물이 등기부에 적힌 부동산의 표시가 건축물대장과 일치하지 않을 경우에는 소유권의 등기명의인은 등기부를 정정하지 않으면 그 부동산에 다른 등기를 신청할 수 없다.

또 등기부에 적힌 등기명의인의 표시가 건축물대장과 일치하지 않는 경우에 그 등기명의인은 등록명의인 표시의 변경 등록을 하지 않으면 해당 부동산에 다른 등기를 신청할 수 없다.

따라서 건물에 대한 내용에 변경이 있을 때는 등기부를, 명의인이 다를 때는 건축물대장의 내용을 변경하고 등기를 신청해야 한다.

건축물대장은 1992년 6월 1일 건축물대장의 기재 및 관리 등에 관한 규칙의 시행으로 종전의 가옥대장(家屋臺帳, house register)을 건축물대장으로 명칭을 변경한 것이다. 경과 규정을 두어 건축물대장으로 이기하기 전까지 종전의 가옥대장은 건축물대장으로 본다. 근거는 건축법 및 건축물대장의 기재 및 관리 등에 관한 규칙이다.

건축물대장은 행정부(국토교통부)에서 관리하며, 그 내용은 등기부의 내용과 반드시 일치하지 않는다. 따라서 거래, 임차 등을 할 때는 양자를 잘 확인해야 한다.

건축물대장을 확인해야 하는 이유는 계약서에 표시되어 있는 건축물의 평수와 건축물대장의 평수 그리고 건축 허가가 나지 않은 부동산인지 확인하는 서류이다.

이 서류는 인터넷으로 발급받을 수 있으며 검색 포털에 '한국토지정보시스템'을 입력하면 해당 시, 도 페이지가 나온다. 발급 비용은 무료이다.

3. 대법원 등기부등본 개선 예정

2015년 1월에 대법원에서 임차인의 피해를 막기 위한 개선책을 준비하고 있다. 시기는 하반기쯤이라고 하고 시행 시점은 정확하지 않다. 늦었지만 좋은 개선책이다.

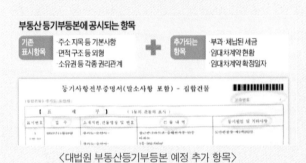

〈대법원 부동산등기부등본 예정 추가 항목〉

주택 등 부동산 매입자와 세입자들은 앞으로 종전 부동산 소유주가 어떤 종류의 세금을 내왔는지, 체납된 세금은 없는지 등 해당 부동산 납세 내역을 등기부등본에서 확인할 수 있게 된다.

이렇게 되면 집이 경매로 넘어가면서 체납 세금 때문에 전세금을 돌려받지 못하는 등의 임차인 피해도 상당 부분 줄어들 전망이다.

경매나 공매 때 세금은 전세금보다 앞서는 최우선 변제 대상이다. 은행 등 금융회사들은 집주인에게 대출해 줄 때 국세와 지방세 완납증명서를 요구하는 방법으로 세금 체납 여부를 확인하고 있다. 그러나 일반 전세입자는 집주인이 이를 속일 경우 확인할 수 있는 방법이 마땅치 않다.

부동산 임대차 관련 세부 내역도 등기부등본에 기재된다. 대법원은 임대차계약이 특정 시점에 이뤄졌다는 내용을, 확정일자를 등기부에 표시하는 방법으로 추가하기로 했다.

지금까지 확정일자 등 임대차 관련 정보는 당사자만 알 수 있고 제3자가 파악할 수 없다. 이런 이유로 원룸과 방 2개짜리 다가구주택 세입자들이 피해를 보는 사례가 많았다.

늦게 입주하는 세입자는 등기부의 저당권 표시를 통해 대출 규모는 알 수 있지만, 먼저 입주한 다른 세입자(선순위 임차인)들의 보증금 규모는 알 수 없기 때문이다. 대출 금액과 선순위 임차인의 보증금의 합이 건물 가격을 넘을 경우 경매 시 후순위 세입자는 보증금을 떼일 수밖에 없다.

4. 피해 구제 정책 알기

우선 깡통전세 피해 등을 줄이기 위해 정부가 최근 내놓은 대한주택 보증회사의 '전세 보증금 반환 보증'을 활용해볼 수 있다. 전세 만기일이 한 달이 지나도 보증금을 돌려받지 못할 경우, 대신 반환해준다. 아파트와 다가구나 다세대, 일반 단독, 연립, 주거형 오피스텔까지 모든 주택이 해당된다. 다만 보증금이 수도권은 3억 원 이하, 기타 지역은 2억 원 이하다. 계약 후 3개월 이내 주택만 가입 가능하며 수수료는 전세보증금의 0.197%이다. 2억 원짜리 전세의 경우 1년간 보증료가 39만 4천 원이다.

매매 시세에 보증한도를 곱한 후 주택의 선순위대출 금액을 뺀 나머지만 보증받을 수 있어 선순위 대출 비중이 많을 경우 보증금 전액 보장이 어려울 수 있다. 이때 보증 한도는 아파트의 경우 해당 아파트 값의 90%, 일반 단독·연립 등은 70~80% 선이다.

고액 전세나 상가 등의 경우는 민간회사인 SGI서울보증이 내놓은 전세금보장신용보험을 활용할 수 있다. 선순위 대출 최고 설정액과 전세금 합이 매매 가격의 100% 이내일 경우 아파트는 전세 보증금 전액을 일반 단독, 연립 등은 70~80% 선에서 보험에 가입할 수 있다. 1년 이상인 임대차계약을 맺은 세입자 중 계약 후 5개월 내 가입 가능하다.

연간 보험료가 아파트는 보험 금액의 0.265%, 기타 주택은 0.3% 등으로 비싸다. 보증료가 부담스러운 경우 보증금의 일부만 가입이 가능하다.

<u>위 네 가지의 기본 지식을 알고 있다면 어떤 전·월세 사기에도 당하지 않고 안전하게 내 재산을 지킬 수 있을 것이다. 앞으로 신종 사기가 나오기 전까지는…</u>

Chapter 2
부동산 매매 사기 유형과 대처법

01 개인 간 부동산 매매 사기

02 부동산 중개 사기

03 기획부동산 사기

04 뉴타운 재개발 사기

05 분양 사기

01
개인 간 부동산 매매 사기

지인(가족, 친구) 등을 이용한 매매 사기

이런 유형의 사기는 저희 부모님이 직접 당할 위기에 빠지기도 해서 지금도 되돌아보면 가슴을 쓸어내린다.

약 5년 전이었다. 지방에서 40년이 넘게 사시던 부모님들이 갑자기 서울로 이사하시겠다고 했다. 자식들이 모두 서울과 근교에 살고 있어서 10년이 넘게 명절이면 항상 역귀성을 하셔서 언젠가는 서울로 오시겠지, 라고 생각했던지라 무척 반겼던 일이었다.

자세히 들어보니 어머니의 바로 아래 동생이 동작구에 빌라를 여러 채 가지고 있었는데, 새로 지은 빌라 중 1채를 시세에 반값에 줄 테니 이사하라고 제안했다는 것이다. 나한테는 이모인 그 사람이 당시 노환으로 힘들어하시던 외할머니를 잘 돌보는 어머니에게 수고의 의미로 그런 제안을 했다고 하여 참으로 고마운 분이라 생각할 정도였다.

그런데 시세가 2억 초반 정도인 빌라에 어머니가 1억 정도의 돈을 주었는데, 받기로 했던 부동산의 소유권 이전을, 이사하고 1년이 다 되어 가도록 해주지 않는 것이다. 무언가 이상한 느낌이 들었지만 언니와 동생 간 약속인지라 그냥 대수롭지 않게 넘어갔다.

찜찜한 마음이 오래가서 부동산 등기부등본을 떼어 보았다. 세상에나! 그 빌라의 부동산 등기부등본을 보는 순간 뒤통수를 얻어맞은 느낌이었다.

어머니가 이사 오시기 전에 근처 새마을금고에서 2억이 넘는 근저당이 설정되어 있었다. 약 1억 8천이라는 대출을 받은 후에 지방에 살며 부동산 정보에 약한 언니를 꼬드겨서 1억 1천만 원을 받은 상황이었다. 당시에 미국발 금융 여파로 부동산 거래 자체가 어려운 상황에서 가장 가까운 사람의 돈을 노린 것이었다. 20년 넘게 교회에 다니며 천사인 척하고 살았던 그 여인, 어머니의 동생이며 나에게는 이모인 그 여인은 가족보다는 돈이 우선인 사기꾼이었던 것이다.

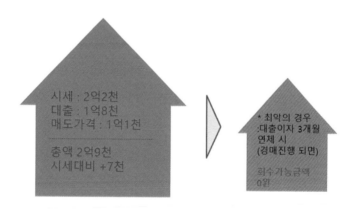

매매계약서도 전·월세계약서도 한 장도 쓰지 않은 채 1억이 넘은 거금을 친동생이라는 이유만으로 넘겨준 위급한 상황이었다. 일단, 소유권 이전이 우선일 것 같아 소유권 이전을 한 다음 원금 회수에 들어갔다. 자식들이 협박 반, 읍소 반으로 겨우 원금을 회수하여 경기도 인근 지역 30평대 빌라를 구입하였다. 그 짧았던 1년간의 줄다리기에 가족 모두가 심한 마음고생을 했다.

이런 경우가 비일비재하다. 믿음을 무기로 친척과 가까운 이들의 재산을 노리는 사람들을 경계해야 한다. 앞서 전·월세 사기처럼 이 역시 꼼꼼하게 부동산 서류들을 챙겨야 함을 강조하지 않을 수 없다.

사례 2

부동산 소유권 이전 완료 후 잔금 미지급, 전세 세입자로 계약했으나 경매 진행으로 전세 보증금까지 날릴 판!

홍길순 씨는 서울시의 강북에 소재하는 한 빌라를 소유하고 있던 중 빌라를 매수하고 싶다는 제의를 받고 고민하다가 "별일 있겠어?" 하는 마음으로 계약을 진행했다.

그런데 홍길순 씨는 1억 8천만 원을 허공에 날릴 위기에 빠져 있어 모 방송국 부동산 상담 코너에 사연을 보냈다. 하지만 그 사연에 대한 변호사의 답은 회수가 어렵다는 말이었다.

사연은 이렇다. 김사기라는 자는 홍길순 씨 소유의 빌라를 시세보다 2천만 원을 더 주고 사고 싶다는 제의를 한다. 시세가 3억인데 3억 2천만 원에 매수하겠다는 말에 홍길순 씨 는 혹하는 마음이 들었다.

그런데 조건에 조금 문제가 있었다. 계약금과 중도금으로 2억 원을 먼저 주면 김사기 씨 이름으로 소유권 이전을 해달라는 것이었다. 이 유는 은행 대출을 해야 하는데 본인 명의가 아니어서 잔금을 치를 수 없다는 것이었다. 또한 홍길순 씨가 매도한 빌라에서 8천만 원 전세로 사는 조건도 붙어 있었다.

김사기의 말에 넘어간 홍길순 씨는 잔금 1억 원을 남겨 둔 채 부동산 소유권 이전 등기를 해주었다. 그리고 전세보증금 8천만 원을 뺀 나머지 금액 1억 4천만 원을 받았다.

문제는 6개월 이후에 발생했다. 잔금을 차일피일 미루던 김사기 소유의 부동산에 법원에서 경매를 진행한다는 안내장이 온 것이었다. 홍길순 씨가 부랴부랴 아들을 통해 알아본 사건의 전말은 이러했다.

홍길순 씨에게 1억 4천만 원을 건넨 김사기는 부동산 소유권 이전 등기가 나온 날 바로 은행에 가 대출을 신청해서 시세의 60%인 1억 8천만 원을 받아낸다. 홍길순 씨는 김사기와 전세계약을 그 이후에 하게 되어 선순위 세입자도 될 수 없었다.

김사기는 급전으로 빌린 1억 4천만 원을 갚고도 4천만 원이라는 돈을 챙겨 달아난다. 대출을 해준 은행은 이자가 3개월 이상 연체되자 규정대로 법원에 경매를 신청하였고, 법원은 2달간의 조사와 검토 후 채권자가 신청한 경매를 진행하게 된 것이다.

요약하면, 홍길순 씨는 3억짜리 집을 1억 4천에 매도한 꼴이 된 것이다. 그리고 살던 집에서 나와야 하는 어처구니없는 일을 당한 것이다.

분석을 해보면 홍길순 씨는 두 가지를 실수해서 큰돈을 날린 경우이다. 먼저, 잔금이 다 치러지지 않았는데 소유권 이전을 해주었다. 다음으로, 전세계약을 소유권 이전 당일에 하고 확정일자까지 받아야 하는 일을 하지 않았다.

한 가지는 하지 않아야 할 것을 한 것이고, 한 가지는 해야 할 것을 하지 않은 것이다. 더욱 중요한 것은 부동산을 소유하고 있었으나 그 재산을 지킬 정보나 노하우가 없는 사람이었던 것이다.

사례 3
"깡통전세, 깡통매매도 주의"

2014-12-30 MK뉴스

전세금과 집주인 대출이 집값의 70%를 넘는 '깡통전세' 뿐 아니라 채무가 집값을 초과하는 '깡통매매'로 인한 피해 사례가 잇따라 소비자들의 주의가 필요하다. 기존 집주인이 채무 해소를 약속했다고 해도 이를 지키지 않으면 주택이 경매로 넘어가 계약금과 중도금뿐만 아니라 최악의 경우 잔금 일부까지도 날릴 위험이 크기 때문이다.

30일 부동산업계와 법조계에 따르면 최근 서울 가락동 빌라를 2억 7천만 원에 구입한 A 씨는 이 집에 걸려 있는 은행 근저당 탓에 빌라가 경매로 넘어가자 울며 겨자 먹기로 다른 은행에서 1억 원대 대출을 받아 근저당을 직접 해소해야만 했다.

인근 시세보다 3천만 원 더 싸게 나온 것을 보고 덜컥 구매한 것이 화근이었다. 당시 전 집주인과 해당 중개업소를 통해 은행 근저당이 1억 7,400만 원, 그 집에 살고 있던 임차인에게 돌려줄 전세 보증금이 1억 4,400만 원, 여기에 각종 세금 압류 500만 원까지 총 3억 2,300만 원 상당의 채무가 걸려 있다는 사실을 확인했다. 집값보다도 무려 5,300만 원이나 채무가 더 많았던 셈이다.

하지만 기존 집주인이 "사업 자금을 융통해 잔금을 받기 전까지 모두 상환하겠다"고 말했고 이런 내용을 계약서에 넣겠다고까지 한 만큼 괜찮을 것이라고 생각한 A 씨는 계약서에 사인했다. 혹시 중간에 거래가 틀어지면 잔금을 납부하지 않으면 그만이라고 안이하게 생각한 부분도 이 같은 결정의 원인이 됐다.

문제는 중도금에다 일부 잔금까지 치른 상황에서 기존 집주인이 채무 상환을 거부했고, 이에 근저당을 설정했던 은행이 해당 빌라를 경매에 넘겨버리면서 발생했다. 투자가 아닌 실제 거주용으로 빌라를 구입한 만큼 A 씨로서는 집이 경매에 팔리는 것을 막기 위해 결국 빚을 내 아직 상환되지 않은 1억 원 상당 채무를 대신 갚을 수밖에 없었다.

결국 A 씨는 집주인을 사기죄로 고소했고, 당시 매매 결정을 옆에서 거든 공인중개사에게는 '집주인의 채무 상환 능력이 없다는 것을 알려주지 않았다'는 이유로 손해배상을 요구하는 민사소송을 제기했다.

집주인의 사기 혐의에는 유죄 판결이 내려졌지만, 실제 피해를 보상받을 가능성이 있는 민사소송에서는 원고 패소 판결이 나왔다. '매도인의 계약 이행 능력 여부를 파악할 의무는 매수인에게 있다'는 취지였다.

결국 A 씨는 피해 금액을 한 푼도 돌려받지 못할 가능성이 높아진 셈이다. A 씨는 이 같은 1심 판결에 불복해 항소한 상태다.

위 사례를 도식화해 보면 아래와 같다.

A 씨는 3천만 원이라는 예상 이익에 눈이 팔려 문제가 발생하면 본인에게 돌아올 손해 7천만 원은 생각하지 않은 것이다.

사기의 시작은 이렇게 어리석고 순진한 사람들에게 금전적 이익만을 강조하여 손해가 날 경우는 감추거나, 위 사기꾼처럼 특약사항에 넣어 마치 위험이 없어진 것으로 착각하게끔 만드는 것이다. 사기를 잘 당하는 사람들의 공통점은 항상 최악의 경우를 생각하기보다는 최선의 경우만을 상상한다는 것이다.

◉ 사기 대처법

사례 2)와 비슷하지만 이 건은 매도자가 사기를 치는 경우이다. 덫을 치고 기다린 것이다. 근저당이 많은 부동산을 구입할 시에는 중개인과 법무사가 동시에 참석하게 해야 한다. 근저당이 해소되는 과정에 꼭 법무사가 있어야 한다. 근저당해지는 아래 과정으로 진행된다.

근저당을 해지하려면 법무사가 해당 부동산의 대출 은행 대출 담당 직원에게 근저당 해지를 요청하고 그 은행은 실대출금액 + 중도상환수수료 + 근저당해지수수료 등을 받고 해지를 해준다. 이 과정이 해소되지 않는 매매계약은 위 사례처럼 매도자가 장난을 치거나 나쁜 마음을 먹었을 때 꼼짝없이 당하는 것이다.

모든 계약이 그렇지만 이런 저런 특약사항이 많은 계약은 문제의 소지도 많은 것이다. 깔끔하게 처리할 수 있는 능력이 없다면 부동산에 대해서 잘 아는 사람과 함께 계약을 하러 가는 것도 한 방법이겠다. 이렇게 하는 것은 사기의 가능성을 누군가가 지적하고 대비하기 위한 것이다.

사례 4

위임 거래 계약이 위험하다

사연의 주인공은 매매계약서를 작성하고 잔금까지 모두 치른 상황

인데도 소유권 이전을 받지 못하는 사기를 당한 상황을 네이버 포털 지식인에 올린 것을 캡처한 것이다. 언뜻 보면 위임장도, 매도인 인감 증명서도 첨부한 것이라 큰 이상 없는 계약 상황이라 보일 수 있지만 중대한 함정이 도사리고 있다.

앞서 임대 사기에서도 언급한 내용이라 이 책을 읽으시면서 '그래, 하나가 빠졌군'하는 분들도 계실 것이다. 바로 해당 부동산의 '<u>등기권리증</u>'이 빠진 경우다. 이 서류가 빠져 있으면 소유권 이전 자체가 아예 어려운 것이다. 등기권리증이 있었다면 바로 법무사를 통해 소유권 이전 등기를 진행할 수 있는데 이걸 챙기지 못한 상황에서 잔금을 다 주는 바보 같은 일을 한 것이다.

<u>기본은 매매계약서 체결 시 소유자의 매도용 인감</u>(매수자 인적사항 기재)**<u> 1통과 등기권리증, 국세·지방세 완납증명서가 첨부되지 않으면 문제가 발생할 수밖에 없는 것이다. 위 두 부자는 의도적으로 이걸 이용했다고 볼 수도 있다.</u>**

물론 계약금 반환 청구 소송 같은 법률적 자구행위를 진행해야 되겠지만 위 사례자의 의도는 토지를 매입하려고 한 것이지 본인의 매수 자금을 돌려받고자 벌인 일이 아니기 때문에 의도와 다른 일에 스트레스를 받고 있는 것이다.

위임 거래가 위험한 이유는 바로 이런 작은 허점들이 많다는 것이다. 다시 말하면 부동산 소유주와 직접 거래 시보다 확인해야 할 서류도 많아지고, 문제 발생 시 책임이 불분명해진다는 것이다.

사례 5

"부동산 사기 전에 '피담보채무 확인서' 확인 필요"

2014월 7월 29일 뉴스웨이

작년 10월 5일, 경기도 남양주시 소재 토지를 산 A 씨. A 씨는 6억 5천만 원의 담보대출을 인수하는 조건으로 매매계약을 체결했다. 그로부터 얼마 뒤 은행에서는 토지를 판 B 씨의 신용 대출(5천만 원)까지 전액 상환해야 채무인수가 가능하다는 이야기를 들었다.

부동산을 사는 과정에서 매수인이 매도인으로부터 통보받은 특정 대출 이외에 다른 대출까지 담보 책임이 있다는 사실을 뒤늦게 확인해 피해를 입는 사례가 지속적으로 발생하고 있다.

작년 한 해 동안 23건 유사 분쟁이 일어났으며, 올해 4월까지도 4건의 민원이 들어온 것으로 조사됐다.

이는 매매 과정에서 금융회사로부터 담보 효력이 있는 대출 내역을 제대로 확인하지 않아 터진 문제로 금융감독원은 이를 선제적으로 차단하기 위해 '담보부동산의 피담보채무 확인서' 제도를 전 금융회사로 확대 실시할 방침이라고 29일 밝혔다.

현재 KB국민·IBK기업은행에서 담보 범위를 서면으로 확인·제공하고 있으며, 이 제도가 전 금융권에서 실시될 경우 근저당권 설정 범위를 매수인이 서면으로 확인할 수 있게 된다.

매수인은 매도인(채무자)의 금융거래제공동의서를 받으면 피담보채무 범위 확인서를 받을 수 있다.

〈피담보채무확인서 양식. 사진=금융감독원 제공〉

　부동산 피담보채무 범위가 '한정근담보-일반자금대출'로 기재한 경우에는 채무자가 어떤 대출을 받아도 해당 부동산이 담보책임(피담보채무 범위)에 포함되니 주의 깊게 살펴봐야 한다.

　금감원은 이외에도 지난 23일 한국공인중개사협회에 공인중개사들에게도 이러한 내용을 매매 당사자들에게 적극적으로 설명하여 줄 것을 협조 요청했다고 전했다.

　금감원 관계자는 "담보대출이나 신용대출이란 용어와 상관없이 피담보채무 범위에 포함될 경우 재산상 피해를 입을 수 있으니 피담보채무 범위 등을 꼼꼼히 확인해야 한다"고 조언했다.

부동산 공짜로 명의 이전해준다는 광고의 의미

인터넷에 아래와 같은 이런 광고가 보인다. 공짜 또는 웃돈을 주고 명의 이전을 해가라는 이런 문구는 도대체 무엇일까?

은퇴를 앞둔 나순진 씨는 이런 문구에 혹해서 웃돈을 받고 빌라 명의 이전을 마친 후 대출을 해준 은행으로부터 엄청난 통보를 받게 된다. 600만 원의 웃돈보다 400만 원이 더 많은 1,000만 원을 갚으라는 것이었다.

매물 1. 구월동 24평형 빌라 대출 4500만 원 전세 2200만 원 ~월 이자 20만 원 내외~ 전세금, 대출금 승계해주고 빌라 소유권 이전 해줌, 600만 원 지급---계약금 불필요

매물 2. 효성동 25평형 빌라 대출 4600만 원 전세 2300만 원 ~월 이자 20만 원 내외~ 전세금, 대출금 승계해주고 빌라 소유권 이전 해줌, 600만 원 지급---계약금 불필요

<인천 주택을 반값에 구매할 찬스--
    추가로 600만 원 지급, 고수익 가능, 수도권 최고 투자>

채무 승계 아파트

58평(전용 50평)(2천 부가세 환급)
원분양가 7억 9천
할인분양가 5억 3천

대출 4억 6천

월세시세 3천 150

🛡 **사기 대처법**

　이런 사례가 빈틈을 노리는 사기 유형 중 대표적인 것이다. 등기부 등본에 나온 대출 금액만 확인하면 되는 줄 알았지만 엉뚱한 신용대출 금액까지 떠안아 버린 피해자들은 황당할 수밖에 없는 상황이다.

　왜 이런 일을 당하게 된 걸까? 시중 금융권에서 주택담보대출을 하는 경우 두 가지 비율을 확인한 후 대출 한도 금액을 확인한다.

1) LTV(Loan To Value ratio)

[네이버 지식백과] 주택담보대출비율 [LTV] (시사상식사전, 박문각)

　담보가치(주택가격) 대비 대출 비율.

　주택담보대출 비율이란 은행들이 주택을 담보로 대출을 해줄 때 적용하는 담보가치 대비 최대 대출 가능 한도를 말한다. 즉, 집을 담보로 은행에서 돈을 빌릴 때 집의 자산가치를 얼마로 보는가의 비율을 말하며, 보통 기준시가가 아닌 시가의 일정 비율로 정한다. 예를 들어 주택담보대출비율이 60%라면 시가 2억 원짜리 아파트의 경우 최대 1억 2천만 원까지만 대출해주는 식이다

2) DTI(Debt To Income)

　총부채상환비율總負債償還比率, 즉 총소득에서 부채의 연간 원리금 상환액이 차지하는 비율을 말한다. 금융기관들이 대출 금액을 산정할 때 대출자의 상환 능력을 검증하기 위하여 활용하는 개인신용평가시스템(CSS:Credit Scoring System)과 비슷한 개념이다. 예를 들면, 연간 소득이 5,000만 원이고 DTI를 40%로 설정할 경우에 총 부채의 연간 원리

금 상환액이 2,000만 원을 초과하지 않도록 대출 규모를 제한하는 것이다.

한국에서는 부동산 투기 과열에 따라, 2007년 은행권에서 투기지역과 투기과열지구에 대하여 주택담보대출에 DTI 규제를 확대하였다. 소득을 적게 신고한 자영업자나 상환 능력은 있지만 현재 소득이 없는 은퇴자의 경우에 불리하게 적용될 수 있다

그런데 이 금융권에서 설정한 금액으로 모자란 경우 개인의 직업 유무와, 신용도에 따라 1천만 원~1억 원까지 추가로 대출을 해주게 되는데 이 경우 부동산에 담보를 설정하기 어렵기 때문에 '포괄근저당' 또는 '포괄근담보'라는 용어를 써서 채무자가 이용할 어음, 신용카드, 신용대출 등의 금액까지 책임을 지게 하는 것이다.

반대로 부동산에 한정되어 담보를 설정하고 대출을 하는 경우는 '한정근담보'라는 용어를 쓰므로 이 경우는 다른 채무에 대한 책임을 지지 않는다.

따라서 매수인은 근저당이 설정된 부동산을 거래할 경우 반드시 '피담보채무확인서'를 해당 은행에서 확인한 후에 대출승계금액을 계약서에 명기하고 거래해야 하는 것이다.

사례 7

"전 재산 잃고 아내 분신으로 끝난 '재기의 꿈'"

피담보채무범위가 한때 150억대 자산 일궜던 남편, 10년 전 전 재산 사기당해

부부가 작은 마트서 재기 발판

양주 마트 인수 제안이 불행의 시작, 권리금 대출 승계 안 되고 틀어져

2015-02-03 한국일보 기사

1일 경기 양주시 만송동 농민마트의 분신 화재는 재기를 준비하던 부부의 꿈이 산산조각나면서 벌어진 참사였다. 전 재산을 떼이게 된 아내가 몸에 인화물질을 끼얹고 불을 붙인 것이다.

2일 숨진 김 모(50·여) 씨의 지인 등에 따르면 김 씨의 남편 이 모(53) 씨는 맨손으로 유통업에 뛰어들어 10여 년 전엔 수도권에서 마트 대여섯 곳을 운영하며 자산이 150억 원에 달하던 건실한 사업가였다.

이 씨는 그 무렵 김 씨를 만나 결혼했고, 눈에 넣어도 아프지 않을 늦둥이 외동딸(9)도 얻었다. 그러나 행복은 오래가지 않았다. 2005년 사기를 당해 전 재산을 잃으면서 시련이 시작됐다.

부부는 마트를 운영해 본 노하우를 살려 경기 시흥시 월곶동의 작은 마트를 인수해 재기의 발판을 마련했다. 지난해 말에는 이렇게 모은 돈으로 서울 강일동의 한 지하상가에 마트를 열기로 하고 2,200만 원을 들여 리모델링까지 마쳤다.

그러던 중 지인에게 솔깃한 제안을 받았다. 양주에 상권 좋은 큰 마트가 있는데 인수해보라는 것. 수년 전 양주에서 마트를 운영했던 부부는 자신감에 넘쳤다. 지난해 12월 19일 농민마트 사장 A 씨를 만나 마트를 인수하기로 하고 5억 5,000만 원에 달하는 권리금계약서도 썼다. 계약금으로 전 재산인 5,000만 원을 건넸다.

이 씨는 "마트 권리금은 통상 월매출 이하에 형성되는데, 농민마트의 월매출(3억 5천만 원)보다 2억 원을 더 준 것은 장사가 잘될 것이라는 믿음 때문이었다"고 설명했다.

당장 가진 돈이 없었지만 이렇게 큰돈을 권리금으로 주기로 한 건 A 씨의 약속 때문이었다. 이 씨는 "A 씨가 금융기관에서 6억 원을 대출받아 넘겨줄 테니 돈을 벌어 천천히 갚으라고 했다"고 말했다. 말뿐인 이 약속을 믿은 게 비극의 시작이었다. A 씨의 호의에 부부는 운영하려던 강일동 마트를 투자비용도 받지 않고 A 씨의 친구에 넘기기도 했다.

그러나 지난달 20일, A 씨가 약속한 6억 원은 이 씨의 통장에 들어오지 않았다. 그제야 A 씨의 약속을 계약서에 적지 않은 것이 떠올랐다. 불안한 부부는 A 씨에게 계약금을 돌려달라고 요구했지만 A 씨는 "계약을 일방적으로 깨는 것이니 돌려줄 수 없다"고 단호하게 거절했다. A 씨는 "당신들을 소개해준 사람에게 수수료로 2,000만 원을 줬고, 나머지도 밀린 임대료로 다 써버렸다"고 오히려 호통을 쳤다.

A 씨가 연락을 받지 않자 아내 김 씨는 강일동 마트는 포기하겠다며 '5,000만 원에 우리 세 식구의 목숨이 달렸습니다. 제발 돌려주세요' 등 휴대폰 문자메시지를 남겼지만 소용없었다.

사건 당일, 김 씨는 남편의 만류에도 "양주로 쫓아간다"는 말을 남기고 농민마트를 찾았다. 김 씨는 A 씨에게 언성을 높이며 계약금을 돌려달라고 요구했지만 A 씨는 완강했다. A 씨가 사무실을 비운 사이 김 씨는 사무실에 들어가 문을 잠그고 남편에게 전화를 걸어 "나 여기서 죽을 테니 올 필요 없다"는 유언을 남겼다.

다급해진 남편은 A 씨에게 전화를 걸었다. 그는 "'당장 갈 테니 아내를 잘 앉혀놔 달라'고 부탁했지만 A 씨는 '뭐 어쩌라는 거냐'는 말만 했다"고 분통을 터뜨렸다.

이 씨가 차를 몰아 마트에 도착했을 때 마트는 이미 화염에 휩싸였고, 아내는 찾을 수 없었다. 이 씨는 "아내가 (분신 전) 전화로 'A 씨에게 머리채를 잡히고 맞았다'고 얘기했다. 사건 당시 사무실 내부 상황을 꼭 알아야 하는데 유일한 증거인 폐쇄회로(CC)TV가 모두 타버렸다"며 분개했다.

양주 소망병원에 차려진 아내의 빈소에서 이 씨는 "초등학생 딸이 충격을 받을까 봐 일단 지인 집에 데려다 놨다. 엄마를 찾으면 뭐라고 말해야 할지 모르겠다"며 한숨을 쉬었다.

10년 전부터 김 씨를 알고 지냈다는 B 씨는 "조용하고 감정 조절을 잘하는 김 씨가 극단적인 선택을 할 정도면 억울함이 컸을 것"이라고 말했다. 유족들은 김 씨 시신에 대한 부검을 3일 오전 국립과학수사연구원에 의뢰할 예정이다.

본보는 부부에게 돈을 빌려주지 않은 이유, 이 씨의 주장에 대한 해명 등을 듣기 위해 A 씨에게 연락을 취했지만 "통화가 어렵다"고 전화를 끊었다.

안타까운 사연이다. 열심히 살기 위해 이런저런 사업 구상을 하는 사람들을 등쳐먹은 인간들. 책을 쓰면서도 분노하게 된다. 이 책에서 나온 인세가 많지 않겠지만 만약 어느 정도 규모가 된다면 부동산 사기 피해자들에게 지원을 하고 싶다. 이 가치에 동의하는 개인과 기업이 많아진다면 정말 좋은 지원프로그램이 될 듯하다.

2014년 산업연구원이 낸 '자영업 문제를 어떻게 볼 것인가'라는 제목의 보고서를 보면, 2013년 자영업자는 565만 명으로 전체 취업자 (2,507만 명) 가운데 22.5%를 차지하고 있다. 고용원이 있는 자영업자는 151만 명, 고용원이 없는 자영업자는 414만 명이다.

그들이 유일한 소득이 작은 규모의 치킨집, 식당 등이다. 이런 상가를 임차하거나 인수할 때도 많은 함정들이 도사리고 있다.

사례 8

"대법 '아파트 매매 사기, 매수인 절반 책임'"

2011년 10월 17일 머니투데이

아파트 매매계약 체결 과정에 입회했다가 아파트 매도인이 실제 소유주를 사칭한 사기꾼이란 사실을 가려내지 못한 법무사 사무실 직원에 대해 아파트 매수인에게 배상하라는 대법원 판결이 나왔다.

그러나 사기를 당한 매수인 잘못도 함께 인정해 배상 책임을 50%로 제한했다.

대법원 제1부(주심 김능환 대법관)는 조 모(46) 씨 등이 아파트 매매계약 과정에서 주택거래신고를 위임받은 법무사 한 모 씨와 한 씨의 사무실 직원 채 씨 등 과실로 아파트 매매 사기를 당했다며 제기한 손해배상 청구소송에서 "피고들은 각자 1억 원을 배상하라"고 판결한 원심을 확정했다고 17일 밝혔다.

재판부는 "2000년 당시 실제 아파트 소유주 이 모 씨가 만34세에 불과한데 주민등록증 사진 속 사칭 소유자의 얼굴은 만 34세보다 훨씬 나이가 많아 보였던 점, 위조된 주민등록증 앞면에 찍힌 강남구청장 직인이 본래 직인과 다른 점 등을 감안해 채 씨가 조금만 주의를 기울였다면 주민등록증이 위조됐다는 사실을 충분히 알아낼 수 있었다"며 "이를 감안해 피고의 배상 책임을 인정한 원심은 정당하다"고 판시했다.

조 씨 등은 2007년 10월 공인중개사 김 모 씨와 김 씨가 소개한 또 다른 공인중개사 이 모 씨 등을 통해 급매물로 나온 서울 강남구 대치동 아파트를 9억 6천만 원에 매수하기로 하고 계약금 3,000만 원은 계약 당일, 중도금 1억 7천만 원은 3일 뒤에 지급하는 내용으로 계약을 체결했다.

당시 채 씨는 김 씨 의뢰를 받아 소유권 이전 등기 신청을 위임받기 위해 계약 과정에 참여했다. 계약 당일 약속대로 3,000만 원을 지급한 조 씨 등은 약속한 날짜에 중도금을 입금했다.

그러나 며칠 후 잔금을 치르기 위해 공인중개사 사무실을 찾은 조 씨 등은 매도인이 모습을 나타내지 않자 임차인에게 아파트 소유자 번호를 알아내 통화하는 과정에서 비로소 아파트 매도인이 실제 아파트 소유주인 이 씨를 사칭한 사기꾼이란 사실을 알게 됐다.

이에 조 씨 등은 아파트 매매계약 과정에서 채 씨가 주의를 기울이지 않아 매도인의 주민등록증 위조 사실을 확인하지 못해 손해를 입었다며 채 씨를 상대로 손해배상 청구소송을 제기했다. 또 채 씨가 일하는 법무사 사무실의 책임자인 한 씨에게도 책임을 물었다.

1심 재판부는 "법무사법에 따르면 법무사가 사건을 위임받으면 주민등록증, 인감증명서 등으로 위임인이 본인이거나 그 대리인임을 확인해야 한다"며 위조된 주민등록증을 확인하지 못한 채 씨의 책임을 인정하고 조 씨 등에게 1억 원을 지급하라고 선고했다.

재판부는 또 채 씨가 속한 사무실 책임자인 한 씨도 채 씨와 마찬가지로 배상 책임이 있다고 판단했다.

그러나 조 씨 등도 매도인이 실제 아파트 소유주가 맞는지 채 씨에게 철저히 확인해 줄 것을 요청하지 않은 채 서둘러 계약을 체결한 점 등을 들어 조 씨 등이 손해를 본 2억 원 가운데 채 씨 등 배상 책임을 50%로 제한했다.

2심 재판부도 1심과 같은 이유를 들어 채 씨 등 항소를 기각했다.

채 씨의 경우 억울하겠지만, 법에서도 부동산 거래에 대한 책임은 양쪽 모두에 있다는 취지의 판결을 내린 것이다. 사기를 당했는데 책임을 져야 한다는 상황!

이런 억울함을 당하지 않을 방법이 없는 것인가? 있다.

1) 부동산 거래를 하지 않는다.

2) 전문가(변호사, 법무사 등)와 함께 거래한다.

3) 계약에 필요한 서류와 절차를 정확히 숙지하고 거래한다.

〈부동산 매수 시 꼭 챙길 서류 일곱 가지〉

1. 매도자 인감, 인감도장, 신분증

    - 진짜 소유주인지 확인 가능

2. 거래 부동산 등기권리증

    - 진짜 소유주인지 구별, 소유권 이전 시 가장 필요한 종이임!

3. 계약 당일 발급한 등기부등본

    - 추가 대출이나 가처분 등이 생겼을 경우 발견 가능

4. 국세, 지방세 완납증명서

    - 등기부등본에 나타나지 않는 최우선변제 권리

    (소유권 이전이 되기 전까지는 유효한 권리이므로)

5. 토지이용계획확인원

    - 해당 부동산의 권리(건축, 개발)가 가능한지, 군사지역, 상수도보호구역, 개발제한구역 등이라면 문제가 심각!

6. 건축물관리대장(토지 거래 시 불필요)

    - 해당 지자체에서 인정하는 건축물인지 확인

    (불법건축물인 경우 이행강제금을 1년 단위로 내야 함!)

7. 피담보채무확인서

    - 금융권 대출 금액 승계 시 꼭 확인

    (해당 은행의 신용대출, 카드 연체금 떠안을 수 있음)

주진우 기자가 쓴 『주기자의 사법활극』이라는 책에서 발췌한 글이다.

"법은 상식이어야 한다고 나는 믿는다. 하지만 상식대로 판단하거나 인터넷 검색 결과에 나온 대로 행동하는 것, 대단히 위험하다. 똑똑한 사람이 오히려 함정에 더 쉽게 빠진다. 건강에 관심이 많은 사람일수록 주워들은 얘기만 믿고 병원에 안 가고 버티다가 병이 더 악화되는 것과 같은 경우다. 그런 사람들은 병을 키워서 병원에 간다. 이들에게 꼭 이야기해 주고 싶다. 어떤 음식이 간에 좋고 폐에 좋은지는 알 수 있지만 당신 스스로 당신 몸에 있는 병을 진단하고 치료할 수는 없다고.

재판도 그렇다. 재판은 어느 한쪽을 도덕적으로 평가하는 것이 아닌 법리적 싸움이다. 재판은 절대 도덕이나 상식, 선악에 근거하지 않는다. 무조건 법 조항과 증거에 입각한다. 넓은 강에서 어디를 어떻게 법률적으로 막고 다리를 놓을 것인지를 두고 벌이는 싸움이다. 당신의 억울한 사연을 법이라는 전혀 다른 언어로 통역해 검사나 판사에게 전해줄 통역관이 필요하다는 뜻이다. 아무리 당신이 똑똑해도, 아무리 돈을 쓰기 싫어도 소송에 휘말리면 당신 곁에는 변호사가 무조건 있어야 한다. 아프면 의사가 필요하듯이."

사기를 당해서 억울하지 않으려면 법에 의존하기 전에 방지하는 것이 최선이며, 혹시 문제가 발생하면 혼자서 해결하지 말아야 한다. 법은 항상 피해자 편이 아니라 법을 잘 아는 이들의 편이기 때문이다.

신중하고 성실하며 공정하지 않으면 행복하게 살 수 없으며,
행복하지 못하면 신중하고 성실하며 공정하게 살지 못한다.

- 에피쿠로스 -

02
부동산 중개 사기

사례 1

"부동산 매매 사기 기승··· 갈수록 지능화·고도화"

2013년 11월 5일 건설경제신문

중견 코미디언 문영미 씨는 2010년 방송에서 부동산 사기를 당했다고 밝혔다. 문 씨는 오랫동안 알고 지내던 공인중개사를 통해 7억 원을 주고 집을 샀다.

그러나 알고 보니 이 중개업자가 문 씨를 포함해 총 7명에게 다중 매매를 하고 달아난 것. 결국 문 씨는 7억 원을 고스란히 날렸다. 이처럼 부동산 매매 과정에서 계약금과 중도금, 잔금을 모두 지급하면서도 다중 매매계약 사실을 몰라 피해를 보는 사례 등 부동산 사기가 늘고 있다.

과거 단순 구두 사기에 그쳤던 것이 최근에는 공문서와 신분증을 위조하는 등 수법도 지능화되고 있어 피해가 커지는 추세다. 부동산 매매 사기는 이중 매매나 공문서 및 신분증 위조, 무권대리(대리권 없이 행하여진 대리행위)에 의한 매도 행위 등이 주를 이룬다.

한국공인중개사협회가 분석한 2008년부터 2012년까지 부동산 사고 원인별 공제 현황에 따르면 중개업자의 설명 의무 위반 사고가 34.6%에 달해 중개 거래 시 중개업자만을 믿고 계약하는 행위의 위험성이 드러난 바 있다.

그다음으로 소유권 사칭, 대리권 흠결, 위·변조에 의한 공제금 지급 건수가 전체 사고의 32.4%를 차지했다.

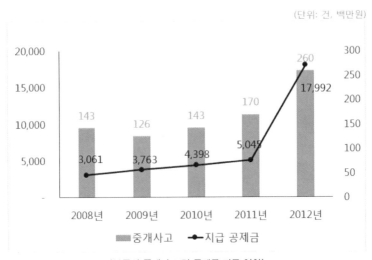

〈부동산 중개사고 및 공제금 지급 현황〉

출처: 「부동산 거래사고의 방지와 그 구체방안에 대한 연구」(성덕근) 논문 인용

〈부동산 중개사고 유형〉

출처: 「부동산 거래사고의 방지와 그 구체방안에 대한 연구」(성덕근) 논문 인용

　매매 및 전세계약 시 확인하는 부동산등기부도 법적 보호 장치가 되지는 못한다.

　현행 공인중개사의 업무 및 부동산 거래신고에 관한 법률 제30조에 의하면 중개행위와 관련된 고의 또는 과실로 인해 거래 당사자가 재산상의 손해를 입었을 때 손해를 배상할 책임을 규정하고 있다. 따라서 중개업자가 고의나 과실이 없고 손해가 발생한 사실에 대한 인과관계가 성립되지 않으면 손해배상 책임을 묻지 않는다.

　특히 현행 한국공인중개사협회의 공제약관에 따르면 부동산 거래사고 시 보상 금액은 중개업소당 1년에 개인은 1억 원, 법인은 2억 원에 불과하다. 즉 한 중개업자가 공제에 가입한 1년 동안 발생한 모든 거래 중 총 1억 원까지만 보증한다는 의미다. 최근 5년간 공제금 신청액은 993억 7495만 원에 달했지만 지급된 공제금은 172억 4010만 원에 불과했다. 사고 1건당 지급된 공제금은 2,404만 원에 그쳤다.

수도권 아파트의 평균 매매 가격이 2억 7,895만 원임을 감안할 때 재산을 보호받기란 불가능한 게 현실이다.

✅ 사기 대처법

부동산 매매 과정에서 가장 빈번하게 일어나는 사기 유형 중 하나다. 이런 유형의 사기는 기본적으로 신뢰하는 부동산업자와 투자할 곳을 잘 알지 못하는 이들의 관계에서 발생하게 된다.

대부분의 사기가 그렇듯 작은 수익을 안겨주거나 자신이 아닌 다른 이들이 만들어낸 수익을 마치 자신이 기획하고 만들어낸 듯이 포장하여 투자자를 유인하고 목표된 금액이 들어오면 내빼는 방식이다.

부동산 매매 시 계약서에는 계약금, 중도금, 잔금이라는 용어가 있다. 계약금은 보통 매매 대금의 10% 선이고 중도금과 잔금은 계약 당사자 간의 협의로 %를 정하고 날짜를 지정하여 입금하도록 되어 있다.

이 계약서를 가지고 소유권이전청구권가등기라는 것을 하는 것이 방비책이다. 가등기란 본등기(소유권이전등기) **이전에 이런 부정한 사기 행위로 받을 수 있는 피해를 방지하기 위한 법적 수단이다. 비용은 매매 금액에 따라 다르지만 3억 원 아파트의 경우 매매 금액의 2% 선이다.**

가등기는 즉각 해당 부동산의 등기부등본에 '소유권이전청구권가등기'라는 문구가 삽입되어 이중 매매나 가압류 같은 계약상 손해를 방지할 수 있게 된다.

03
기획부동산 사기

사례 1

"은퇴자를 노리는 전원주택 토지 사기"

2014년 11월 3일 YTN

은퇴 후 한적한 곳에 전원주택을 짓고 여유로운 삶을 꿈꾸는 분들 많으실 텐데요. 그런 은퇴자 수십 명을 상대로 부동산 사기를 친 일당들이 있었습니다. 홍석근 기자가 보도합니다.

【기자】

강원도 춘천의 시골마을 야산입니다. 도로와 맞닿는 부분이 전혀 없어 차량이 오갈 수 없는 토지, 즉 '맹지' 입니다.

부동산업자 44살 정 모 씨 등은 2009년 10월 법인을 설립한 뒤, 이처럼 개발이 불가능한 임야 6필지, 16만 9천여 제곱미터를 헐값에 사들였습니다.

【인터뷰: 마을 주민】

"잣나무 있는 데 저기 뒤에다."

(뭘 짓는다고 하던가요?)

"전원주택 짓는다 그랬어. 몇 집이 함께 짓는다고. 사람들이 자주 왔다 갔다 했어요."

그리고 수도권에서 가깝고 경관도 좋아 전원주택을 짓기에 딱 좋은 땅을 원가에 팔겠다며 신문에 광고를 냈습니다.

[부동산사기! 당할래? 피할래?]

은퇴자들에겐 귀가 솔깃할 만한 광고지만, 자연보전지역, 농지 내 임야로 전원주택은커녕 개발조차 불가능한 땅이라 사기 광고였습니다.

하지만 시세보다 싸게 판다는 조건에 현혹돼 50~60대 은퇴자들은 순식간에 몰려들었고, 사기꾼들은 실제 갖고 있는 부지 대신 교통과 전망이 좋은 인근 부지를 보여주는 수법으로 은퇴자들을 속여 계약을 부추겼습니다.

결국 전원주택 꿈을 꿨던 은퇴자 191명의 노후 대비 자금, 50억 원이 사기 일당의 손에 넘어갔습니다.

【인터뷰: 한상진, 수원지방검찰청 형사1부장】

"노후 대비를 위해 전원주택을 구매하려던 다수의 서민들을 우롱해 그 사람들로부터 퇴직금, 종잣돈을 편취한 기획부동산 사건입니다. 이 사건으로 잘못 땅을 산 처와 부부싸움 끝에 이혼한 사례도 있습니다."

검찰은 서민의 거액 퇴직금을 갈취한 부동산 사기 일당 주범 정 씨 등 2명을 구속 기소하고 6명을 불구속 기소했습니다.

● 사기 대처법

50대 이후의 삶은 준비하는 삶이라고 생각한다. 사례 4)의 기사를 보면 191명이 사람들이 거짓 신문광고에 속아 1인당 평균 1억 3천만 원이라는 돈을 사기당한 것이다.

먼저, 일간지(스포츠 신문 포함)에 나오는 부동산 광고를 보고 무조건 믿지 말아야 한다. 신문사에서는 광고비를 내는 쪽에서 디자인한 광고를 광고비만 내면 그냥 내주는 것일 뿐이다. 사기꾼들은 교묘하게 이걸 노리고 메이저 신문사에 투자 광고를 실어 투자자들을 유인한 것이다.

요즘은 기사처럼 광고를 써서 신문사에서 마치 보증하고 있는 것처럼 속이기도 하므로 신문에 나온 부동산 광고는 철저하게 의심 또 의심하고 접근해야 한다.

개인적으로는 이런 광고를 보면 이런 의심을 한다. "좋은 전원주택 땅을 싸게 판다"거나 "전원주택을 시세보다 낮은 가격에 판다."

왜 이런 좋은 땅을 광고비까지 들여가며 싸게 팔지? 그리고 좋은 땅을 군이 왜 모르는 사람에게 싸게 팔까? 기본적인 비즈니스에서 1 회성 소비재가 아닌 부동산을 광고까지 하며 싸게 파는 건 이미 99% 사기라고 봐도 된다.

전원주택을 구입하려면 해당 지역의 읍·면 소재지 부동산에 가서 알아보는 것이 정확한 시세를 파악할 수도 있고 거래 시 그리고 이후 에도 문제 발생 시 책임 소재가 분명해진다.

전원주택을 지을 수 있는 땅인지 아닌지도 확인해봐야 한다. 군사 보호구역, 그린벨트, 상수원보호구역, 자연공원구역, 문화재보호구역, 생태계보전구역, 백두대간보호구역과 같은 개발규제지역은 투자처로 는 적당치 않다.

경사도가 최대 25도가 넘는 지역도 산지관리법과 지방자치단체의 도시계획조례를 통해 개발이 전면 금지돼 있으며, 해발 300m 이상의 산 역시 5부 능선 위 지역은 고도제한을 받아 개발이 불가능하다.

전용이 가능한 땅은 일반적으로 관리지역 내의 토지다. 관리지역에 있는 토지가 아닐 경우에는 전용이 까다롭고 아예 전용을 할 수 없 는 경우도 많다.

그러므로 땅을 구입하거나 구입한 땅을 전원주택지로 개발 가능한 지 여부를 알아보기 위해서는 관리지역인지부터 확인해야 한다. 물론 관리지역이 아니라도 전원주택을 지을 수 있는 땅은 많지만 일반적으로 관리지역과 비교해 까다롭다. 그래서 전원주택지 광고를 보면 관리지역 내 농지나 임야라 표시하는 경우가 많은데 개발이 쉽다는 의미로 받아들이면 된다.

　관리지역인지 여부를 가장 쉽게 확인할 수 있는 방법이 '토지이용계획확인서'를 발급받는 방법이다. 시·군청에서 발급할 수 있는 이 서류에는 토지의 용도지역 즉 관리지역인지 농림지역인지 아니면 자연환경보전지역인지를 표시해 놓았다.

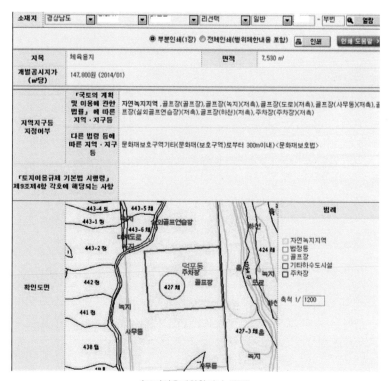

〈토지이용계획확인서 샘플〉

우리나라 국토는 토지의 계획과 이용에 관한 법률에 의해 4개의 용도지역 즉 도시지역, 농림지역, 관리지역, 자연환경보전지역으로 나누어 놓았다. 상업시설이나 빌딩, 공장 등이 들어서 있는 곳들은 도시지역, 농사짓기 좋은 땅은 농림지역, 자연환경이 좋은 국립공원이나 강변, 호수 주변 지역들은 자연환경보전지역으로 지정되어 있다.

도시도 아니고 농사를 짓기에도 불편하며 경관도 별로인 곳은 관리지역으로 지정해 제한적인 개발이 가능하도록 해놓고 있다.

관리지역도 생산관리지역, 보전관리지역, 계획관리지역으로 세분화돼 있으며 건폐율 규정이 각각 다르다. 즉 땅을 이용해 집을 지을 수 있는 면적이 계획관리지역은 40%(100평 토지에 건물은 40평 이하로만 건축 가능)까지고 생산이나 보전관리지역은 20%까지다. 단독주택을 짓는 데는 이들 땅 어느 곳이든 상관이 없다.

관리지역 안에서 건폐율 및 용적률의 최대한도는 관할 구역의 면적과 인구 규모, 용도지역의 특성 등을 고려하여 「국토의 계획 및 이용에 관한 법률」에서 정하고 있는 기준에 따라 특별시 광역시 특별자치시 특별자치도 시 또는 군의 조례로 정한다.

구 분	국토의 계획 및 이용에 관한 법률	
	건폐율	용적률
보전관리지역	20% 이하	50% 이상 80% 이하
생산관리지역	20% 이하	50% 이상 80% 이하
계획관리지역	40% 이하	50% 이상 100% 이하

〈국토교통부 홈페이지 관리지역 안내〉

토지이용계획확인원의 용도지역 중에는 두 가지가 중복된 곳도 있다. 예를 들어 생산관리지역과 농림지역이 같이 지정된 경우도 있는데 이것은 한 필지에 일정 부분은 생산관리지역이고 일정 부분은 농림지역이란 의미다. 이럴 경우 정확한 내용은 시·군청을 방문해 보아야 알 수 있다.

10년 전 사기 수법이 지금도 통하는 것이 이상할 정도다. 네이버나 다음 지도 검색을 하면 항공촬영, 실제촬영 이미지 등이 나온다. 최소한 이런 정도의 자료는 들여다보는 성의와 그 이미지를 인쇄해 가지고 실제 현장에 가서 비교하는 준비성은 있어야 한다. 그런 이후 사기꾼이 보여준 땅이 진짜 그들이 말한 지번인지 그 동네 어르신이나 이장님을 찾아가서 한 번만 물어 봤다면 이런 사기는 당하지 않을 것이다.

단지 신문이라는 인쇄 매체에 속아서, 주위 친구나 아는 사람이 권유해서, 미래 언제일지도 모르는 막연한 기대 수익보다는 현재 본인이 가진 재산을 투자해서 잃지 않는 것이 투자의 제1원칙임을 꼭 기억해야 한다.

사례 2

"'기획부동산 + 피라미드' 신종 사기에 노인 등 수십억 피해"
돌산을 '평창동계올림픽 특수 예상' 속여 "투자자 소개하면 수당 지급" 유혹

2014년 10월 27일 노컷뉴스

평창동계올림픽 특수로 땅값이 10배 이상 뛴다고 속여 투자자 600여 명을 상대로 수십억 원을 가로챈 일당이 경찰에 붙잡혔다.

이들은 전화로 투자자를 모집하던 기존의 기획부동산 사기와는 달리 투자자들에게 다른 투자자들을 모집하게 하고 수당을 지급하는 '피라미드 영업'으로 사기 행각을 벌였다.

서울 수서경찰서는 고수익을 미끼로 다단계 방식으로 투자자를 모집해 투자금을 편취한 혐의(사기 등)로 권 모(39) 씨 등 2명을 구속하고 이 모(48) 씨 등 23명을 불구속 입건했다고 27일 밝혔다.

경찰에 따르면, 권 씨 등은 지난해 11월부터 지난 7월까지 강남구 대치동과 부산, 인천 등 전국에서 투자설명회를 열었다. 이들은 투자자들에게 "강릉시의 땅 5만 6,826㎡를 구입했는데 평창동계올림픽 빙상경기가 강릉에서 열리면 땅값이 10배 이상 오를 것"이라며 유혹했다. 그러면서 조금만 투자하면 거액의 수당까지 얻을 수 있다고 투자자들을 설득했다.

권 씨 등은 4평짜리 땅을 80만 원에 산 투자자에게는 이후 다른 사람이 추가로 가입할 경우 1명당 1만 원을 수당으로 지급했다. 자신이 소개한 사람이 투자자가 되면 투자금의 10% 즉, 8만 원의 소개 수당도 지급했다.

이런 방법으로 7명이 더 가입하면 사원에서 대리로 승진시켜줬다. 대리에서 8명이 더 가입하면 1명당 2만 원의 수당을 주고 과장으로, 추가로 8명이 더 가입하면 1명당 3만 원의 수당을 주고 부장 직급을 달아줬다.

4평 땅을 산 투자자의 경우 부장까지 승진했을 경우 95만 원의 수당을 받을 수 있었다.

'4평방'에서 졸업하면 더 큰 규모의 땅을 살 수 있는 자격을 주고 50만~100만 원의 월급까지 지급했다. '8평방', '38평방', '70평방'을 만들어 두고 같은 방식으로 다단계 영업을 시켰다.

경찰 관계자는 "4평부터 70평까지 4개 방에 모두 들어가면 2,400만 원을 투자해 모두 1억 2천만 원의 수당을 거둘 수 있다는 논리였다"고 설명했다.

이러한 수법으로 권 씨 등은 이 모(71·여) 씨 등 614명으로부터 약 68억 원 상당의 매출을 거뒀다. 이들은 이 중 40억여 원을 실제 수당으로 지급했다.

하지만 경찰 조사 결과 이들이 투자를 요구한 땅은 급경사가 진 돌산으로 개발이 불가능했고, 강릉 빙상경기장과는 100km 이상 떨어져 아무런 투자 이득을 기대할 수 없는 땅으로 드러났다. 아무런 가치가 없는 땅을 투자자들로 하여금 비싼 값에 사게 한 뒤 다단계 영업을 시킨 것이다.

또 이들의 말대로 고액의 수당을 받기 위해서는 하위 투자자들이 수천 명 이상 모집해야 해 사실상 투자자들이 승급을 위해 스스로 땅을 구입할 수밖에 없도록 만드는 구조였다.

결국 후순위 투자자로 갈수록 수당을 받기 어려워지고 손실을 보전하기 힘든 '피라미드 다단계 사기'의 전형을 그대로 보여줬다.

10여 년 동안 기획부동산 일을 했던 권 씨 등 일당은 애초에는 텔레마케팅으로 땅을 팔려 했다가 여의치 않자 이 모(52) 씨 등 다단계 전문가들을 영입해 범행을 저지른 것으로 조사됐다.

경찰 관계자는 "연금처럼 수당을 받아 생활하려던 노인들이 카드빚까지 내 투자해 신용불량자가 된 경우도 있었다"며 고수익을 미끼로 투자를 권유하는 업체에 대해 각별히 주의해 줄 것을 당부했다.

사례 3

서민 울린 3,000억 부동산 펀드 사기

"부동산 투자금 유치 특징… 원리금 반환 투자자 속여 부지 일부 가등기로 안심시킨 후 투자금 빼내 가정주부·샐러리맨·퇴직공무원 등 서민 피해 커"

2009년 12월 10일 아시아경제

7,000여 명의 투자자로부터 3,000억 원이라는 사상 최대 규모의 투자금을 가로챈 신종 부동산 펀드 사기단이 9일 검찰에 적발되면서 그 수법에 관심이 쏠리고 있다.

이들은 주로 토지 분할·판매 수법을 사용해 온 기존 기획부동산과는 다른 부동산 펀드를 내세워 '투자금 유치', '원리금 반환'이라는 두 가지를 강조했다는 점에서 가장 뚜렷한 차이를 보이고 있다.

특히 피해 대상이 주로 가정주부·샐러리맨·퇴직공무원 등 서민이라는 점에서 사회적 비난은 더욱 고조되고 있다.

◇ 투자금 유치, 원리금 반환 '미끼'

9일 검찰에 따르면 부동산 펀드 사기단은 1999년부터 2009년까지 투자를 하면 3년 이내 개발 사업을 완료해 원금의 3~5배 이상을 보장하고, 개발이 되지 않으면 원금 및 이자 10%를 주겠다고 투자자들을 속여 투자 자금을 모았다.

2년 혹은 3년에 한 곳씩 개발지를 늘려 정선·강릉·제주 등 전국 10개 사업지 개발을 핑계로 투자를 유치했지만 10년이 넘도록 개발 사업은 전혀 진행하지 않았다.

물론 사업지는 상수원보호구역 혹은 개발 관련 공사나 필요한 인허가 절차를 전혀 진행하지 않은 곳들이었을 뿐 아니라 향후 개발 가능성도 거의 없는 것으로 검찰 조사 결과 드러났다. 이들은 또 매매 예약에 의한 소유권일부이전청구권 가등기를 해 주거나 분기별로 대규모 투자자대회 등을 열어 투자자들을 안심시켰다.

◇ 텔레마케터 모집 투자자 유인

투자자 유치도 조직적이었다. 우선 신문광고나 인터넷을 통해 수시로 계약직 텔레마케터를 모집해 전화번호부·동창회명부 등을 이용해 전화하거나 연고자들로부터 투자유치·자자대회·세미나 등 명목으로 투자자를 유인해 투자를 유치했다.

매번 투자 유치를 할 때마다 영업직원에게는 12~15% 내외, 팀장 5% 내외, 지사장은 3% 내외의 수수료를 순차적으로 지급하고 영업직원들에게는 매일 1만 원과 월급 70만 원을 지급해 투자 즉시 약 33%의 투자금이 수수료 등으로 빠져나가게 했다.

이렇게 투자자들을 속여 받아낸 약 3,000억 원의 투자금 중 1,000억 원 상당은 직원들에게 투자 유치 수당으로 지급하고, 나머지 1,000억 원은 대표이사 가지급금, 관계회사 대여금 등으로 흘러나가면서 자금 행방이 묘연해 검찰이 추적 중이다. 나머지 1,000억 원은 사업비, 부지 구입, 용역비, 3년이 지난 일부 투자자에 대한 지연배상금 등으로 사용했다.

◇ 자통법(간투법) 적용 첫 기소

이번 사기 행각의 핵심 역할은 한 E컨설팅의 경우 간접투자자산운영업법(2009년 2월 4일 자통법으로 통합)을 적용해 기소한 첫 사례다.

간투법에서는 자산운용회사가 되기 위해서는 금융감독원의 허가를 받아야 하지만 이 업체는 컨설팅은 물론 그 계열사들도 전혀 허가를 받지 않았다.

또 투자자들에게 3년 내에 개발을 완료해 5배 혹은 10배의 이익을 남겨주고, 약정기간을 초과하면 원금에 10%의 지연배상금을 가산해 지급해 주기로 약정했고, 수령한 투자금의 33%를 직원들에게 수수료로 지급해 유사수신행위를 했다.

그러나 관할청에는 어떤 인·허가 등록을 하지 않았다고 검찰은 전했다.

검찰 관계자는 "피해 사례를 보면 주로 가정주부·샐러리맨 등 서민을 상대로 범행을 저질렀다"며 "가정 및 재정이 파탄 나는 등 심각한 피해 사례가 대부분으로 억울함을 호소하는 피해자들의 탄원이 이어지고 있다"고 말했다.

"기획부동산, 그 어마무시한 실체는?"
뛰는 일반인, 그 위를 나는 '기획부동산'

2014년 5월 29일 MK뉴스

부동산 사건·사고 중 단연 1위는 '기획부동산'이다. 피해 사례만 부지기수, 검찰의 수사를 통해 많은 업체가 공중분해됐어도 잡초 같은 생명력으로 다시금 우후죽순 생겨난다.

그 생명력의 비결은 바로 '수법의 진화'에 있다. 이들의 사기 수법은 너무 다양해 나열하기도 어렵지만 대표적인 몇 가지만 정리해 보면 다음과 같다.

1. 매매계약만 체결한 상태에서 토지를 팔아넘긴다.
2. 소유자로부터 사용 승낙이나 임대만 받은 부동산을 투자자에게 팔고 도주를 한다.
3. 팔고 있는 토지를 지자체가 추진 중인 개발 계획과 직접적인 관련이 있는 것처럼 과장 광고를 한다.
4. 미확정 개발 계획을 마치 확정된 것처럼 속인다.
5. 매매하려는 땅에 도로가 개설되거나 그 땅의 용도 변경이 가능하다고 속인다.
6. 투자 유치 계획이나 개발 계획 중 일부 정보만 슬쩍 부풀리는 수법을 쓴다.
7. 도시 주변 지역의 개발제한구역해제, 택지개발 등 각종 개발 정

보를 미리 빼내 개발과 전혀 관계없는 주변 토지를 매입한 후 고가로 판다.

8. 도심지 내 연립과 다세대 주택 등을 집중 매입하고 재건축 예정이 있다고 허위 소문을 유포한 후 고가로 팔고 도망간다.

9. 고속도로 등 SOC(Social Overhead Capital, 사회간접자본) 개발이 이뤄지는 굵직한 호재가 있는 곳의 주변 땅을 산 뒤 마치 개발에 포함되는 땅이라며 고가의 보상금을 받을 수 있다며 팔고 난 후 연락을 끊어버린다.

10. 현장답사 시 남의 좋은 땅을 보여주고 나서 팔 때는 부근에 있는 쓸모없는 땅을 팔아버린다.

11. 철도역사가 생기거나, 도로가 생긴다면서 수십 배 부풀려 판다.

12. 특별 분양권을 받을 수 있다며 철거가옥을 주변 시세보다 터무니없이 높게 판다.

13. 분양하는 토지의 정확한 지번을 알려주지 않고 나중에 엉뚱한 지번의 땅을 판다.

14. 실제 증명할 수 없는 내용을 바탕으로 터무니없이 높은 수익성을 내세워 소비자를 현혹시킨 후 비싼 가격에 판다.

15. 개발이 불가능한 토지를 마치 개발할 수 있는 땅처럼 속여 상상을 초월하는 차액을 남기고 팔아버린다.

16. 대부분 나중에 매매하기 어려운 공동지분등기로 팔면서 분할등기가 가능한 것처럼 속인다.

17. 국내외 부동산 개발을 추진한다는 명목으로 높은 수익률을 내세워 투자자들로부터 자금을 모집한 후 임의로 투자금을 유용

하거나 투자금을 횡령하고 잠적한다.

18. 전화번호부나 각 고등학교, 대학교 동창회명부 등의 명단을 입수해 일일이 전화로 투자자를 유인한다.

19. 민간업체가 개발하는 땅의 일부를 선점해 사업 진행을 위해 땅을 매입해야 하는 약점을 이용, 수십 배 비싼 값을 받고 되판다.

20. 노후화된 빌라를 구입해놓고 특별공급아파트 입주권 구입비 명목으로 투자 금액을 편취하는 수법을 사용한다.

21. 사람을 고용해 토지를 구입하게 한 뒤, 그 사람의 지인을 소개해 사게 하는 다단계 판매 기법을 이용한다.

22. 가분할(지적도상의 분할이 아닌 분할 예상도)을 해놓고는 마치 분할을 한 것마냥 속인다.

23. 간척지 주변 농지를 사들인 다음 법인 명의로 등기를 하지 않고 일반인들에게 분양한다.

24. 위조 매매계약서로 임야 분할 허가를 받아 고가로 분양한다.

25. 전원주택지나 관광단지로 조성된다고 속여 고가에 매도한다.

지금까지 기획부동산의 사기 수법과 피해 사례에 대해 알아보았다. 이제 기획부동산의 실체에 대해 알아보기로 하자.

대다수의 기획부동산은 소위 '전주錢主'라 불리는 사주의 지휘를 받는다. 하지만 사주는 절대 전면에 나서는 법이 없다.

A~E사 : 바지사장 명의로 각각 설립

　이들은 회사의 경영에 참여하지 않고, 명의만 빌려주는 일명 '바지
사장'을 내세워 법인을 설립한다. 그리고 법인은 다시 3~4개의 회사로
쪼개 본격적인 활동에 나선다.

　땅을 매입할 때 법인이나 바지사장, 때로는 임직원 명의를 사용하기
때문에 행여 문제가 발생하더라도 사주 본인은 피해가도록 '안전장치'
도 만들어 놓는다. 또한 상황에 따라 사업장을 폐쇄하거나 법인을 수
시로 바꾸는 수법을 통해 흔적을 지운다.

　기획부동산 법인 영업 형태를 살펴보면 다음과 같다.

　매출액 대비 원가 구성비를 보면 전체 금액 중 매입원가는 불과
20~30%에 불과하고 나머지 40~60%가 리베이트, 관리자 수당, 임대
료, 전화료 등에 사용된다. 실제 사주가 받아가는 돈은 전체의
20~30% 선이다.

매출액 대비 원가 구성비

계	매입원가	텔레마케터	관리자수당	일반관리비 (임대료,전화료 등)	실제사주 몫
100%	20~30%	15~20%	12~15%	10%	20~30%

텔레마케터는 보통 여성 70%, 남성 30%의 비율로 구성된다. 연령은 여성은 50세 미만이 대부분이고 남성은 30~40대가 많다. 이들의 보수는 기본급 100만~150만 원이고, 개인 매출액의 15~20%가 리베이트로 지급된다.

여기에 매출 실적이 많은 이들은 보너스 명목으로 적게는 100만 원, 많게는 1,000만 원의 특별 수당을 받기도 한다. 일종의 '당근책'인 셈인데 대다수의 직원들은 여기에 속아 애사심을 불태우기도 한다.

하지만 그 당근은 직원으로 위장한 사주의 친인척(또는 지인)에게 가는 경우가 많다. 물론 받은 돈은 다시 돌려줘야 한다. 왜냐하면 일반 직원들의 사기 진작을 위한 일종의 '쇼'였기 때문.

다음은 관리자 월 보수체계에 대하여 살펴보면 다음의 표와 같다. 기획부동산은 체계가 매우 조직적이고 엄격하다. 사장 밑으로 전무나 상무, 실장과 부장까지 일반 회사와 직위 체계는 같지만 분위기는 사뭇 다르다.

매출이 떨어진다거나 고소·고발이 들어올 경우 심각할 정도의 육체적 고통과 문책을 받는다. 때문에 하부조직에 대한 살벌한 관리가 필수적인 이유다.

보수체계 사례

구 분	텔레마케터	부장	실장	상무	전무
계	150	1,300~ 3,000	3,500~ 4,500	4,200~ 5,500	6,000~ 7,000
기본급	100~150	500	600	700	900
리베이트	가격의 15%				
관리자 수당		매가의 3%	매가의 1.5%	매가의 1.8%	매가의 2.2%

기획부동산들이 선호하는 사기 대상 물건은 '토지'다. 토지는 아파트와 오피스텔, 상가 같은 건물과 달리 용도와 위치, 형태가 제각각이어서 가격 산정이나 개발의 가능 유무를 구별하기 쉽지 않기 때문이다.

지역이 같더라도 개발 유무에 따라 금싸라기 땅이 되기도, 애물단지 땅이 되기도 한다. 이들은 개발이 어려운 쓸모없는 땅을 싸게 사들인 뒤 곧 개발에 착수할 것처럼 속여 비싸게 되판다.

이들은 경기의 영향에 민감하게 반응하지 않고, 정부 정책 같은 호재에 반응하는 토지의 특성을 이용한다. 여기에 토지는 장기투자대상이라는 인식이 강해 피해자가 사기를 당했다는 사실을 알아채기까지 오랜 시간이 걸린다는 점도 악용한다. 그 사이 이들은 회사를 없애거나 혹시 모를 소송에 대비해 재산을 빼돌린다.

최근에는 다단계 수법도 이용하고 있다. 내가 지인에게, 지인이 또 다른 지인에게 꼬리에 꼬리를 무는 식의 수법을 구사해 가까운 친인척까지 사기 행각에 끌어들이고 있다.

혹시나 가까운 지인으로부터 '좋은 땅'이 있다고 연락이 온다면 한 번쯤 아니 두 번쯤은 의심해 봐야 하는 실정이다.

이유야 어쨌든 아무런 노력이나 대가없이 '대박의 꿈'만 좇는 자신을 돌아본다면 기획부동산 따위에 속아 땅 치고 후회할 일은 없지 않을까.

"'기획부동산' 진화… 사기 피해 잇따라"
사무실 차려 구직자 고용 후 땅 매입 제안
높은 투자가치 현혹, 투자 않을 땐 해고
근저당 설정돼 소유권조차 없는 땅 팔아

2013년 6월 17일 영남일보

대구에 사는 40대 주부 A 씨는 지난달 취업정보 일간지를 통해 B 종합건설회사에 취직했다. 이후 며칠 지나지 않아 회사 측으로부터 '좋은 땅을 선점할 수 있도록 해줄 테니 신청금 300만 원을 내라'는 제안을 받았다.

귀가 솔깃해진 A 씨는 회사에 300만 원을 선뜻 건넸다. 아침 조회 때마다 회사 대표가 '우리가 팔고 있는 땅은 3년 만에 3배 뛸 것이다. 운 좋으면 5배까지도 오를 수 있다'고 강조하는 터라 굳게 믿었다.

결국 A 씨는 회사가 소개한 땅을 구입할 요량으로 3천800만 원에 달하는 잔금까지 치렀다. 하지만 잔금을 치른 지 2주가 다 되도록 소유권 이전이 되지 않았다.

뒤늦게 해당 부지의 등기부등본을 떼어본 A 씨는 매매를 할 수 없는 땅이란 사실을 알고 회사에 따졌으나, 때는 이미 늦은 후였다.

A 씨는 "어려운 형편에 한 푼이라도 더 벌어보려고 일을 벌였다 남편이 모은 돈을 모두 날리게 됐다"며 한숨을 내쉬었다.

최근 대구에서 '기획부동산'의 덫에 걸려 사기를 당하는 사례가 잇따르고 있다. 기획부동산은 부동산 지식이 부족한 일반인을 상대로 교묘히 사기 행각을 벌이는 것이다.

피해자의 증언을 종합하면, 기획부동산은 빌딩 등지에 번듯한 사무실을 차려놓고 취업정보지나 사이트 등을 이용해 구직자를 고용한 뒤, 일은 시키지 않고 땅을 구입할 것을 권유한다. 이들은 직원에게 '높은 투자 가치를 보장한다' '사두면 몇 배로 뛴다'는 감언이설로 현혹하는 수법을 사용한다. 땅을 적게 구입하거나 아예 구입하지 않는 직원은 근무태만 등의 이유를 대며 해고시키기도 한다는 게 피해자의 주장이다.

대구시 서구에 사는 주부 C 씨도 기획부동산에 속아 지난달 충남 당진 시내의 땅 16㎡를 600여만 원에 구입했지만, 지금까지 소유권을 이전받지 못하고 있다.

취재진이 당진시청에 문의한 결과, C 씨가 매입했다는 토지는 채권·채무 관계로 인해 근저당이 설정돼 있는 상태였다. 해당 토지는 한 종합개발회사 대표가 매매 예약(가등기)만 한 상태로, C 씨에게 땅을 판 기획부동산은 소유권조차 없었다.

🛡 사기 대처법

기획부동산이란?
일반적으로, 싸고 쓸모없다고 여겨지는 땅을
필지를 나눠서 비싸게 되파는 사기적 거래~!

사회가 발전하면 긍정적인 면만 발전하는 것은 아니다. 사기꾼들도 진화한다. 그래야 그들도 먹고살기 때문이겠지만.

전화로 땅을 파는 고전적 방법이 너무 알려져서 더 이상은 먹히지 않기 때문일 수도 있고, 사기꾼들이 해보니 그 방법이 비효율적이라는 경험치가 생겼을 수도 있었을 것이다.

스스로 사기 치기 어려우니 취업을 미끼로 혹은 다단계 사기꾼들과 협업(Collaboration)을 하는 면에서도 볼 수 있겠다. 이 책에 나오는 사기 유형도 한 5년 지나면 또 다른 유형으로 진화할지도 모르는 일이다.

하지만 땅 투기로 대박의 기회를 잡고자 하는 이들에게 부푼 꿈을 꾸게 하여 꼬드기는 수법은 여전히 고전적이다. 그리고 그 허황된 자료에 속아 수백에서 수억 원을 배팅하는 이들도 여전히 존재한다.

기획부동산을 운영하는 이들은 취직이 어려운 이들(주부, 은퇴자 등)을 채용해서 고수익을 미끼로 1차 포섭한 후 채용한 사람들을 교육한다는 명목 하에 세뇌를 시켜 그들이 가진 돈을 투자하게 만든다.

다음으로 그들의 지인들에게 여러 경로를 통해 투자를 권유하고 계약을 하면 일정 수수료를 빼먹게 만든다. 운영자 이외에는 모두가 피해자가 되는 구조인 것이다.

사기 유형에서 가장 많은 지분등기 방식에 대한 정확한 의미만 알더라도 쉽게 뿌리칠 수 있다. 지분등기는 큰 땅을 작은 땅으로 개별 등기하기 어렵기 때문에 지분으로(예 1/2, 1/10 등) 구분하는 등기이다. **주의할 사항은 지분만 사고 팔 뿐 그 땅의 어떤 행위에 주체가 될 수 없다. 모두 공동으로 합의가 되어야 하므로 소유만 할 뿐 처분은 안 되는 반쪽짜리 등기이다. 이런 걸 투자해서 나중에 이익이 남더라도 분쟁의 소지가 많을 수밖에 없는 구조이다.**

투자의 경험상 적은 돈으로 발품을 팔지 않고 수익을 얻을 수 있는 건 없다. 이론상으로만 가능하고 그런 방식이 존재한다고 믿고 싶은 사람이 있을 뿐. 그리고 아직도 속아 넘어가는 달콤한 사기꾼들의 약속은 "**문제가 생기면 내가, 회사가 다 책임집니다.**"

그들이 왜 책임을 질까? 이미 사기를 칠 목적으로 시작한 일인데.

땅은 가장 어려운 부동산 상품이다. 기본적으로 본인이 직접 확인할 수 있는 능력과 발품을 파는 적극적인 자세가 있어야 한다. 본인이 그런 능력이 없다면 토지를 거래하는 생각 자체를 버리는 것이 토지 사기를 당하지 않는 유일한 방법일지도 모른다.

그게 무슨 대처법이냐고 하실 분도 있겠지만, 비유해 보자면 수영도 할 줄 모르는 이가 그 험한 바다를 횡단할 수 있을까?

04
뉴타운 재개발 사기

2007년, 서울을 비롯한 수도권 일대에 뉴타운 광풍이 일어나고 있었다. 작은 빌라 한 채가 2억을 넘어 3억까지 거래되는 시기에는 신축이든 20년이 넘은 빌라든 관계없이 서로 사려고 난리가 난 시국이었다.

이런 상황에 돈 냄새를 맡은 사기꾼들과 표를 의식한 정치인들이 가만히 있을 리가 없었다. 주변에서 들리는 성공 사례는 언론의 속성과 잘 맞아 떨어지며 꿈을 마음껏 부풀게 하기에 충분했다.

나중에 드러난 상황은 뉴타운 공약도 헛된 것이었고, 설사 뉴타운에 새로운 아파트가 지어졌을 때 원주민들이 들어가서 살 수 없는 상황으로 사회문제까지 되었다. 재테크에 대한 사람들의 심리를 이용한 대국민 사기극을 보게 된 것이다.

유권자 70% "뉴타운공약, 투표에 영향"

"총선용 '떴다방'? 뉴타운 어디로"

뭇시장 선거 땐 침묵… 끝난 뒤 "시장 안정되면…"

2008년 4월 16일 문화일보

지난 4·9 총선 때 서울지역에서 출마한 여야 후보들이 내세운 뉴타운 공약으로 서울시 관가와 정가가 뜨거운 논쟁을 벌이고 있다. 총선 때 서울지역 48개 선거구 중 30개 선거구에서 여야 후보들이 뉴타운과 관련한 공약을 내걸었다.

문제는 총선이 끝난 뒤 뉴타운 지정권을 가진 오세훈 서울시장이 "부동산 시장이 안정될 때까지 뉴타운 추가 지정은 없다"는 발언을 하면서부터다. 야권이 "총선 때는 가만히 있다가 선거가 끝난 뒤 이런 발언을 하는 것은 '사기'"라며 공세를 펴고 있다.

◇ 총선 때는 '침묵', 총선 끝난 뒤 '불가'

오 시장은 지난 14일 평화방송 라디오 프로그램에서 "부동산 시장이 안정되고, 이미 지정된 1~3차 뉴타운사업이 가시화하기 전까지는 뉴타운을 추가 지정하지 않겠다"는 입장을 표명했다.

오 시장은 이날 MBC TV 인터뷰에서도 이 같은 내용의 말을 했다. 또 서울시도 이날 '4차 뉴타운 추가 지정에 대한 서울시 입장'이라는 보도자료를 통해 "4차 뉴타운 추가 지정에 대해서는 우선 부동산 시장이 안정되고 둘째 이미 지정된 1~3차 뉴타운사업이 가시화하는 시점에 뉴타운 추가 지정 시기와 대상 등을 검토할 수 있다는 입장"이라고 밝혔다.

또 시는 "최근 강북 지역 등 일부 지역에서 부동산 안정을 해치는 부동산 가격 이상 현상이 보인다. 이렇게 부동산 시장에 영향을 주는 시기에는 뉴타운 추가 지정을 하지 않겠다는 뜻"이라고 덧붙였다.

문제는 오 시장의 행보다. 총선 선거운동 기간 서울 48개 선거구 중 30개 선거구에 출마한 여야 후보들은 '너도나도' 뉴타운 공약을 내세웠다. 이때 오 시장은 침묵으로 일관했다. 이 같은 행보는 공인인 서울시장의 입장에서는 적절치 않다는 시각이 많다.

도봉구에 사는 한 시민은 "선거라는 민감한 시기에 시장이 발언을 하는 것도 쉽지 않았겠지만 선거가 끝나자마자 '뉴타운 추가 지정은 고려하지 않고 있다'고 말하는 것은 적절치 않은 행동"이라고 말했다.

◇ 정치권은 왜 시끄럽나

여야가 '뉴타운 사기 공약' 여부를 두고 논란을 벌이는 것은 지난 총선에서 서울지역 곳곳에서 박빙의 승부를 펼쳤기 때문이다. 서울지역에서 참패한 통합민주당의 입장에서는 뉴타운 공약이 유권자의 표심에 큰 영향을 미쳤다고 보고 있기 때문이다.

민주당은 16일 오전 최고위원회의에서 서울지역 한나라당 총선 후보들의 뉴타운 공약 남발 관련 진상조사특위를 구성하고, 관련 후보들을 검찰에 고발키로 했다.

김종률 민주당 원내부대표는 16일 CBS라디오 '뉴스레이다'에 출연해 "한나라당 후보들의 '대국민 뉴타운 사기극'으로 인해 서울에서만 최소한 15석의 의석을 빼앗겼다"며 "허위 사실 유포로 선거에 영향을 미친 만큼, 20여 개 선거구의 한나라당 후보들을 선거법 위반 혐의로 검찰에 고발할 예정"이라고 밝혔다.

한나라당도 "뉴타운 공약은 민주당 후보들도 했다"며 역공하고 있다. 조윤선 대변인은 15일 "해당 지역구에서는 한나라당 후보뿐만 아니라 민주당을 비롯한 다른 정당 후보들도 뉴타운 지정을 공약으로 내세웠다"고 말했다.

조 대변인은 또 "오 시장이 총선 기간 중 뉴타운 지정에 대해 적극 발언하지 않고 함구한 것은 관권시비에 휘말리지 않으려는 적절한 처사였다"고 말했다.

위 기사의 요점은 서울 전 지역을 뉴타운으로 개발할 수 없는데도 마치 모든 지역을 개발시켜서 집을 가진 이들이 벼락부자가 될 수 있는 것처럼 거짓 공약을 남발하여 여당 후보들이 당선되는 이른바 '뉴타운돌이'들이 탄생했기 때문이었다. 부동산 정책이 선거철에 정치적으로 이용당한 것이었음을 나중에 알게 된 것이다.

또 다른 기사를 보면, 뉴타운이 '로또'가 아니라 '고통'이라는 것을 보여준다.

사례 2

"황금빛 뉴타운은 없었다"

2015년 1월 9일 한겨레21

2002년 당시 이명박 서울시장은 은평·길음·왕십리 등 3곳을 재정비촉진사업의 시범지역으로 지정했다. 첫 뉴타운사업지구였다. 급격한 개발시대를 거치며 초래된 강남과 강북의 격차를 줄이기 위한 것이었으니 명분이 좋았다. 겉으로 드러난 분배정의란 단어가 숨겨진 욕망의 정치를 만나면서 뉴타운사업은 재앙이 됐다.

시범 사업의 추이도 살피지 않고, 서울시는 거듭 2차·3차 뉴타운사업 구역을 발표했다. 다가올 재앙을 보지 못한 채 서울 시내 35곳(균형발전지구 포함)에 뉴타운 305개 구역이 지정됐다. 2008년 닥쳐올 글로벌 금융위기가 아니라도, 애초에 그 틀이 덫이었다. 낙후된 지역의 균형발전과 도시 기능 회복을 위한 사업이므로 공공정책이지만, 정부와 지방자치단체는 뉴타운사업을 둘러싼 정비업체·시공사·조합의 복마전에 개입을 최소화했다. 욕망을 부추긴 뒤, 욕망을 조율할 중재자 구실은 미뤄둔 것이었다.

나쁜 정치의 외상은 길게 남았다. 누구도 책임지지 않는 사이 10년 넘는 시간이 흘렀다. 지구 지정 10년 동안 첫 삽도 뜨지 못한 지역은 헤아릴 수 없다. 되돌릴 수 없는 시간과 되돌리기 어려운 비용 앞에 국회도, 정부도, 언론도 고개를 돌렸다. 명백한 '정책 실패'요, 기업의 입장에서 '투자 실패'지만 책임은 온통 주민들의 것이 되었다. 줄을 잇는 소송은 10여 년 전 주민들이 손에 쥐었던 '욕망'의 대가를 요구하고 있다.

2014년 12월, 새해를 앞두고 서울의 한 뉴타운사업 구역에서 부음이 전해졌다. 10년 넘게 뉴타운사업에 깊이 관여하며 관련 비리로 수사를 받고 있던 주민이 아내와 함께 목숨을 끊었다. 이 불행한 소식을 실마리로, 아직 끝나지 않은 뉴타운의 비극을 돌아봤다. 주민들 사이의 갈등이나 법정 공방을 유발할 수 있어 이름은 모두 밝히지 않는다.

남산을 등 뒤에 두고 한강을 마주한 서울 용산구 동빙고동은 전형적인 명당이다. '서울의 중심 남산과 어우러지는 최고의 주거단지"한국 속의 뉴욕 맨해튼 5번가' '강남 못지않은 명품도시'. 2003년 서울시가 보광동·한남동·이태원·동빙고동 지역을 2차 뉴타운사업지구로 발표했을 때 쏟아진 부동산업계의 수사들이다. 거품이 꺼지기 직전의 투자 열기가 한남뉴타운사업 지구를 뜨겁게 달궜다.

11년 전의 열기는 동빙고동에 남아 있지 않다. 낡은 다가구주택들은 이빨 빠진 외양을 다듬지 않은 채 언제가 될지 모를 철거를 기다린다. 골목 뒤편 펜스에 젊은이들이 스프레이로 휘갈기고 간 낙서는 이곳이 '방치'된 구역임을 드러낸다. 그나마 낡아빠진 집들의 전·월세 거래조차 이뤄지지 않는 시절, 뉴타운 대목 장사를 위해 경쟁적으로 다닥다닥 몰려 앉았던 부동산들은 숫제 기대를 접고 동면에 든 듯했다. 뉴타운의 환상이 불러온 것은 역설적으로 슬럼화된 '올드타운'이었다.

뉴타운 환상이 불러온 것은 '올드타운'

2015년을 앞둔 세밑, 전에 없이 한남뉴타운 5구역 일대가 술렁였다. 경찰이 골목골목 다니며 주민들을 탐문했다. 성탄절을 앞둔 주말이었다. 12월 20일, 5구역 조합원이던 이주용(75·가명) 씨와 그의 아내가 고향의 선산에서 숨진 채 발견됐다. 쉬쉬하는 가운데서도 흉흉한 소식은 조합원들 사이에 곧 퍼졌다. 유서를 남겼다고 하나 내용은 알려지지 않았다. 떠난 사람의 내적 동기를 단정 짓기는 어렵다.

그러나 주민들의 설명을 종합하면, 부부의 선택에 뉴타운의 그늘이

드리워진 것만은 틀림없어 보인다. 이 씨의 삶은 지난 10년 뉴타운·재개발 현장을 지배한 욕망의 끝을 상징적으로 드러낸다.

그는 부동산 중개업자였지만 '외지인'은 아니었다. 조합원들은 "그가 뉴타운지구로 지정되기 전부터 한남뉴타운 일대 개발 관련 투자로 돈을 많이 모은 것으로 알고 있다"고 입을 모았다. 현 조합의 임원은 아니지만 (가칭)추진단 단계부터 발 벗고 나섰고 예비 추진위원장 선거에도 출마할 정도로 개발 사업에 깊이 관여했다.

이 지역의 한 자영업자(60)는 "쉽게 말하면 이 씨가 조합을 이용해 재개발 사업을 시작한 것"이라고 말했다. "이 씨가 조합 설립을 위한 추진위원회의 실세라는 게 조합원들 사이에 익히 알려진 사실이다. 그럴 만한 힘이 있었다. 여기서 부동산으로 돈을 많이 벌었고, 그만큼 (뉴타운사업 조합 구성 등에) 돈도 많이 썼다"고 그는 덧붙였다. 돈이 어디에서 나오는지 사람들은 잘 알지 못했다. 그저 짐작할 따름이었다.

추진위가 궁지에 몰리면서 이 씨의 '사업'도 어려움에 처한 것으로 보인다. 정비사업 관리를 위한 용역업체 선정에 잡음이 생겼다. 재개발 사업에서 정비업체는 주민설명회·홍보, 추진위원장 등 임원 선출 업무 지원, 동의서 수령 등의 지원을 맡는다.

사업을 추진할 자금이 부족한 주민들은 초기 단계에서 정비업체가 제공하는 '자금줄'에 관행적으로 의지할 수밖에 없다. 재개발을 앞두고 우후죽순 생겨나는 임의단체들 가운데 먼저 든든한 자금줄을 확보하는 조직이 조합으로 살아남게 되는 것도 공식이다.

이 씨를 주축으로 한 5구역 예비 추진위는 2009년 이미 ㅅ정비업체와 계약을 맺었다. ㅅ업체는 이후 설립 계획 수립, 자료 조사, 예비 임원선거의 기획 및 지원, 추진위원회 설립동의서 징구 등의 업무를 수행했다.

서울시가 공공관리제를 새로 도입하면서 이 씨 등의 계획은 틀어졌다. 지자체장이 공공관리자가 돼 사업 시행자의 사업 추진을 돕는 공공관리제는 정비 사업의 뿌리 깊은 문제인 조합 비리 등을 막기 위해 2010년 도입됐다.

예비 추진위 단계에서 ㅅ업체의 도움을 받은 추진위는 그해 5월 주민총회를 열고 ㅅ업체를 정비업체로 선정했지만 공공관리자인 서울시로부터 고시한 업체 선정 기준에 따라 정비업체를 선정하도록 권고받은 끝에 이듬해 ㅍ정비업체를 새로운 업체로 선정하기에 이른다.

재산 맡겨두고도 알 권리는 없다?

이때부터 조합원들은 이해하기도 어렵고, 잘 알지도 못하는 법정 공방이 시작됐다. 원 계약사인 ㅅ업체가 조합을 상대로 제기한 소송에서 서울서부지방법원은 2013년 5월 "한남 5구역 조합은 ㅅ업체에게 약 53억 원을 지급하되, 다 갚는 날까지 연 20%의 비율에 의한 돈을 지급하라"고 판결했다. 조합의 항소는 지난해 8월 서울고등법원에서 기각됐다. 공공관리제의 '선한' 의도에도 불구하고 결과적으론 조합에 수십억 원의 비용이 발생한 셈이다.

이처럼 조합 관계자들이 어떤 송사나 비리에 휘말려도 조합원들은 알아낼 길이 요원하다. 내 재산을 맡겨두고도 정보를 요구할 권리는 보장돼 있지 않은 것이다.

5구역 조합원 강신정(54·가명) 씨는 "재개발 사업에서 조합이 스스로 불리한 이야기는 조합원에게 절대 하지 않는다. 조합원들은 정확하게 조합이 어떤 소송에 연루됐는지 알 수 없고, 정보공개 청구를 해도 조합이 공개를 거부하면 방법이 없다"며 답답함을 표시했다. "재개발이란 게 우리나라의 기존 부패한 관행이 집약되는 현장인 것 같다. 급격한 경제성장으로 인해 웬만한 비리나 부패는 덮어두고 간 게 지금의 현실이 아닌가 싶다."그가 덧붙였다.

공공관리제 시행에 따라 지자체의 기준을 따라야 함에도 이 씨와 추진위가 애초 ㅅ업체와의 계약을 무리하게 밀어붙인 데는 어떤 이유가 있었을 것이다.

목숨을 버리기 전, 이 씨는 구속 전 피의자 심문(영장실질심사)을 앞두고 있었다. 서울중앙지방검찰청은 배임수재 혐의로 수사를 받고 있는 그에게 12월 23일 오전이 기일이라고 통보해 주었다.

이 씨와 5구역 조합장 등을 고소한 ㅅ정비업체는 검찰에 낸 진술서에서 "(이들이) 개인 용도로 사용한 카드 영수증을 추진위원회에 제출하여 일시에 차입한 것으로 회계 처리한 뒤 차입금을 돌려받는 방법으로 서울시로부터 융자받은 공공자금 6억 원 중 4억여 원을 접대비·판공비·업무추진비 등 공적으로 사용한 것처럼 회계 처리해 공금을 횡령했다"고 주장했다.

이에 따라 이 씨의 지인들은 "중단된 줄 알았던 수사가 재개되고 구속될 수도 있다는 위기감이 들면서 극단적인 선택을 한 게 아닌가 싶다"고 입을 모았다. 한 주민은 "이 씨의 아내가 거동이 불편한 처지였다. 자신이 갑자기 구속될 경우 아내를 보살필 사람이 없어서 큰 불안감을 느꼈을 것 같다"고 덧붙였다. 또 다른 주민은 "그렇게 개발 사업을 좇다가 결국엔 자기 목숨과 맞바꾼 셈이 됐다"며 혀를 찼다.

뉴타운지구 중에서도 비교적 사업성이 있는 지역으로 평가받았던 한남뉴타운에서 벌어지는 복마전은 거의 모든 뉴타운지구에서 심각하든 덜 심각하든 비슷하게 겪고 있는 상황이다.

쫓겨나는 세입자, 높은 분담금 등을 뉴타운사업 갈등의 1라운드라고 한다면, 뉴타운지구 지정 10년이 지난 현재 곳곳에서 빚어지는 조합 비리와 이로 인한 정비업체, 시공사 등이 개입된 소송 등은 갈등의 2라운드라고 할 수 있다. 뉴타운지구에서 '갈등'은 그대로 조합원들의 '비용'이 된다. 각종 소송에서 지면 큰 손해를 보는 것은 당연한 이치지만, 단지 소송으로 사업이 지연되는 것만으로도 조합운영비에, 사업 시행 이자 등 각종 비용이 눈덩이처럼 불어나기 때문이다. 2003년 지정된 한남뉴타운 5개 구역 중에 착공한 곳은 없다.

"아무리 따져도 뉴타운은 주민이 손해"

한남뉴타운 3구역 주민 한성민(53·가명) 씨는 지난해 오래 지켜온 집을 팔아버렸다. "돈은 없지만 집에 대한 애착이 강했다. 젊어서 무일푼으로 서울에 와 집이 없으면 죽는다고 생각했었다"고 말했다. 국제통화기금(IMF) 외환위기가 그에겐 기회였다. 4천만 원에 전세살이를 할 때 3억 원짜리 다가구주택을 사서 전세를 놨다. 재개발에 대해 나름의 계산이 있었다.

1년이 지나자 집값은 6억 원으로 불었고, 뉴타운지구로 지정됐을 땐 14억 원을 호가했다. 그로부터 수억 원을 손해 보고 집을 처분했다. "사업이 지금부터 술술 풀려도 2024년쯤 입주할 텐데 도저히 기다릴 수가 없다. 물가상승률만 적용해도 재개발 지역 바깥의 집값은 10년 동안 어느 정도 오를 텐데 재개발 지역에선 오히려 금융비용에 따라 재산 가치가 떨어진다. 아무리 따져 봐도 뉴타운은 주민이 손해 보는 장사더라."

뉴타운·재개발 지역 주민들을 더 이상 찬성과 반대의 이분법으로 가를 수만은 없다. 별다른 정보가 없어 찬성했던 주민들도 사업이 장기화되는 가운데 고통을 받고 있다.

뉴타운 갈등 2라운드에 이른 지금, 난마처럼 얽힌 문제들을 단순히 '사업에 반대하는 선한 원주민'과 '개발 이익을 노린 투기꾼'의 대립 구도로 이해해선 해법을 도출하기 어렵다. 우선 모든 조합원이 자신의 의지로 '욕망이라는 이름의 전차'에 몸을 실은 것도 아니다.

뉴타운사업에 반대하더라도 일단 조합이 설립되면 '울며 겨자 먹기'로 함께하는 수밖에 없다. 신정뉴타운 2-1구역 조합원인 이계원(58) 뉴타운비대위연합 대표는 사업 초기부터 반대 입장이 명확했다. 45년 동안 거주하며 고향이라고 생각해온 곳을 쉽게 떠날 수 없었지만 조합 설립을 위한 주민들의 사전 동의율이 75%를 넘겼다. "내가 동의를 안 해도 조합이 설립된 상황이어서 어쩔 수 없이 설립 이후 동의서를 써줬다. 그런데 이후에 사업비를 자꾸 올리는 걸 보고 문제가 크다고 여겨 반대 주민 모임을 열었다가 비대위 대표가 됐다."

애초에 뉴타운에 찬성했던 주민이 '반대' 입장으로 돌아선 경우도 셀 수 없다. 뉴타운 광풍이 '가진 건 집밖에 없는 사람들'의 골드러시를 부추겼다는 걸 솔직하게 인정하고 사회적 중의를 모으는 편이 낫다. 신정뉴타운 지역 조합원인 한정숙(68·가명) 씨도 "처음엔 내 집 주면 아파트를 준다니 뭘 모르고 적극 동의했다. 어마어마한 추가 분담금을 내는 줄 알면 누가 찬성했겠느냐"고 호소했다. 뉴타운사업 초기 대부분의 주민들은 불완전하고 비대칭적인 정보만 가지고 맨몸을 던졌다. 주민들을 상대로 정보를 틀어쥔 쪽은 정부와 지자체거나 대형 건설사였다.

서울시 뉴타운·재개발 실태조사에 참여했던 한 민간 실태조사관은 다음과 같이 지적했다. "뉴타운사업이 '지역 균형 발전'을 명분으로 한 주택정책이었다면 정책 실패의 책임을 마땅히 시나 정부가 져야 할 것이다. 그러나 지난 10년의 결과를 종합하면 결국 뉴타운사업은 부동산 경기 부양을 위한 산업정책으로서의 성격이 강하다. 그렇다면 투자 실패에 대한 책임은 기업이 부담하는 게 맞다. 주민들에게 모든 걸

맡겨두고 사인 간 계약으로 취급해선 안 된다."

아직도 많은 지역에 뉴타운지구로 묶여 있다. 어떤 곳은 조합 구성
은커녕 추진위원회조차도 구성되지 못한 채 시민의 집을 고치거나 새
로 지을 수 없게 묶어 놓아 버린 것이다.

그렇다면 뉴타운 개발은 어떤 과정으로 어떻게 진행되는지 알아야
한다. 넓은 지역을 개발하는 만큼 오래 걸리며 쉽지 않다. 어느 곳은
10년이 지났지만 추진위원회 구성하고 이런저런 경비로 수억 원을 쓴
상태로 정체되어 있기도 하고 조합이 구성되었지만 사업성이 없어서
시공자 선정이 안 된 채로 그냥 남아 있다.

이 과정에 온갖 사기가 난무한다. 뉴타운 조합원 권리를 사고파는
행위부터, 없는 분양권 거래 사기까지 대한민국을 사기공화국으로 만
들어 버린다.

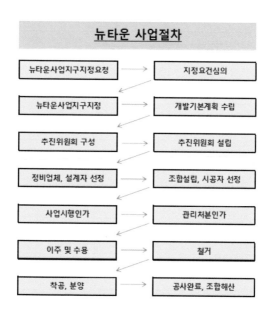

위 표에서 보듯이 14단계를 거쳐야 비로소 새로운 아파트 주거단지가 만들어진다. 아무리 빨라도 5~6년이고 늦으면 언제 진행될지 모른다. 뉴타운은 시간과의 싸움이다. 그리고 대형 건설사들이 뉴타운 시공에 대해 시큰둥해진 이유도 이익이 나지 않기 때문이다. 누가 뉴타운으로 돈이 된다고 하면 그건 10년이 지나야 알 수 있는 먼 미래에 일어날까 말까 하는 기대 수익이다. 외면해야 한다.

보통의 뉴타운 개발은 낡은 빌라와 주택이 들어선 지역을 새로운 아파트 단지로 바꾸는 것이 일반적이다. 대부분의 뉴타운 지역 빌라들은 대지 지분이 15평 내외이다. 대지 지분이란 공동주택에서 대지 면적을 각 세대 수로 나눈 면적을 말한다. 어떤 빌라는 건물 면적이 25평인데 대지 지분이 30평인 경우도 있지만 일반적으로는 25평 건물의 대지 지분은 10~15평 사이이다.

재개발과 뉴타운 지역에서 이런 대지 지분이 중요한 이유는 건물을 보상받을 때 가장 중요한 기준이 되기 때문이다. 20~30년이 넘은 건물에 대해서는 평가금액이 거의 나오지 않기 때문에 더욱 대지 지분이 중요하다.

뉴타운 지역을 사려고 하는 이들은 대부분 미래 기대수익이 반영된 매매가로 거래를 하게 된다. 경기도 한 지역의 예를 들어 보자. 25평 빌라(대지 지분 15평)의 거래가가 160,000,000원이다. 대지 지분 1평당 시세가 10,000,000원 정도라는 것이다.

여기서 문제가 발생한다, 매수한 이는 분명 대지 지분 평당 가격을 10,000,000원으로 단순 계산하고 나중에 관리처분이 된 후 보상 가격도 이 정도 수준이라고 생각하기 쉽다.

그런데 그렇지 않다. 뉴타운, 재개발 지역의 보상 가격은 바로 옆집도 다르게 나온다. 그러한 이유는 정부에서 세금을 부과하는 기준인 공시지가라는 것을 기준으로 하기 때문이기도 하고 큰 도로와의 거리 등 다양한 정보가 합성되어 보상가가 책정되기 때문이다.

경기도 북부 한 뉴타운의 대지 지분 대비 보상가와 이후 입주 시 부담해야 할 금액을 보면 뉴타운 투자가 얼마나 위험한지 알 수 있겠다.

대지지분	종전자산	17.77평 추정분담금	25.95평 추정분담금	34.23평 추정분담금
5평	15,326,289	136,760,922	220,556,616	290,700,180
6평	18,391,546	133,695,664	217,491,359	287,634,923
7평	21,456,804	130,630,407	214,426,101	284,569,665
8평	24,522,062	127,565,149	211,360,843	281,504,407
9평	27,587,319	124,499,891	208,295,586	278,439,150
10평	30,652,577	121,434,633	205,230,328	275,373,892
11평	33,717,835	118,369,376	202,165,070	272,308,634
12평	36,783,092	115,304,118	199,099,813	269,243,377
13평	39,848,350	112,238,860	196,034,555	266,178,119
14평	42,913,608	109,173,603	192,969,297	263,112,861
15평	45,978,866	106,108,345	189,904,039	260,047,603
16평	49,044,123	103,043,087	186,838,782	256,982,346
17평	52,109,381	99,977,830	183,773,524	253,917,088
18평	55,174,639	96,912,572	180,708,266	250,851,830
19평	58,239,896	93,847,314	177,643,009	247,786,573
20평	61,305,154	90,782,056	174,577,751	244,721,315

대지 지분 15평에 대한 보상 금액은 약 46,000,000원이다. 이후에 25평 아파트에 입주하려면 추가 분담금은 약 190,000,000원이라는 것이다.

계산해 보자.

1) 15평 뉴타운 빌라 시세: 160,000,000

2) 뉴타운 보상금액　　: 46,000,000

이 단계에서 약 110,000,000원을 손해 본다.

3) 입주 분담금　　　　: 190,000,000

결론적으로 25평형 새 아파트에 입주하는 데 총 투입해야 할 금액은 300,000,000원이라는 계산이 나온다. 경기도 북부지역의 신규 아파트 25평 시세가 약 300,000,000원 정도 한다고 치면 굳이 어렵고 힘든 뉴타운 지역에 투자할 아무런 이유나 매력이 없는 것이다.

이런 내용을 알려주는 공인중개사 사무실이나 뉴타운, 재개발 조합은 없다. 그들이 이런 세세한 내용을 알려줘서 그들에게 돌아올 이득은 하나도 없기 때문이다.

또한, 재개발, 뉴타운 조합장이 주무르는 돈은 수백억에서 수천억까지에 이른다. 개별 조합원이 입는 손해는 건설사와 조합장에게는 아무런 관심이 없다. 다만 자신들이 사업을 벌여서 얼마나 이익을 남길 것인가만 중요하다.

뉴타운 재개발은 정치 논리와 건설 자본의 복마전이다. 개인이 건드리면 화병만 쌓이는 이상한 부동산 상품이다.

사례 3

"200억대 재개발 사기 일당 적발"
위례지구 등에 쪽방·벌통 설치해 판매
검찰, LH 직원 등 21명 기소

2012년 6월 11일 서울경제

수원지방검찰청 성남지청 형사3부(김태철 부장검사)는 위례신도시 등 재개발 예정지에서 쪽방과 벌통 등을 불법 설치해 판매한 혐의(사기 등)로 위례신도시 지상권대책위원장 A 씨 등 11명을 구속 기소하고 8명을 불구속 기소했다고 11일 밝혔다. 또 이들로부터 금품을 수수한 혐의(뇌물수수)로 한국토지주택공사(LH) 부장 B 씨를 구속 기소하고 전직 부장 C 씨를 불구속 기소했다.

검찰에 따르면 A 씨 등은 2007년 4월부터 지난 1월까지 위례신도시와 시흥·장현 택지개발 예정지구 내에서 쪽방과 축사·벌통 등을 불법으로 설치한 뒤 500여 명에게서 국민임대주택 입주권 등을 보상받을 수 있다고 속여 212억여 원을 편취한 혐의를 받고 있다.

B 씨 등 LH 직원 2명은 장현지구 세입자대책위원장 D 씨로부터 불법 조성된 쪽방 소유주도 보상을 받을 수 있도록 해 달라는 청탁과 함께 총 1,960만 원 상당의 금품을 받아 챙긴 혐의를 받고 있다

🛡 **사기 대처법**

재개발이 진행되어 임대주택을 받을 수 있으려면 보상기준일(공람공고일)을 기준으로 LH에서 항공사진을 확인한다. 여기서 사기의 여지가 생긴다. 항공사진은 일반인이 보았을 때는 비닐하우스인지, 축사인지, 벌통인지 구분할 능력이 없는 것이다.

주택이 아닌 임시 건축물은 정확히 그 지역에 대한 입주권이 부여되는지 LH(한국토지주택공사)에 직접 확인한 후 사야 함에도 사기꾼들의 말에 현혹되어 또 수많은 이들이 돈을 날리고 만다.

LH 홈페이지에 가면 해당 지역본부가 나와 있고, 누가 어떤 일을 하는지와 전화번호까지 상세히 나와 있다. 거래하려고 하는 임시건축물 사진과 지번을 항공사진을 가지고 그 지역 담당자에 직접 문의해야 한다.

법에 맹점이 너무도 넓은 지역인지라 항공사진만으로 판독하기 때문에 담당자도 모를 수 있다. 이런 사기는 LH에서 향후 보상기준일 이전부터 현장을 확인, 사진을 촬영해두는 등 보상 절차를 일부 개선하지 않으면 언제든지 발생할 여지가 많은 사기 형태이다.

05
분양 사기

부동산 경기가 사라지면서 경기 예측을 하지 못한 시기에 지어진 아파트, 오피스텔, 상가 등이 미분양 상태로 남아 있다. 이 과정에 주거공간보다는 오피스텔, 원룸텔, 상가를 분양하는 과정에서 허위 광고 또는 사기가 판을 치고 있다.

사례 1

상가 분양 사기
"분양 사기, 르메이에르건설 회장 구속 기소"

2013년 12월 2일 서울파이낸스

서울중앙지검 조사부가 분양대금 186억여 원을 가로챈 혐의로 르메이에르건설 정 모(62) 회장을 구속 기소했다. 검찰은 정 씨와 함께 피해자들을 상대로 사기를 친 르메이에르건설 서 모(53) 전 이사도 같은 혐의로 불구속 기소했다.

2일 검찰에 따르면 정 회장은 2007년 12월~2010년 4월 서울 종로1가의 주상복합 건물 '르메이에르 종로타운'에서 오피스텔 및 상가 분양자 49명을 속여 분양대금 186억 9,000만 원을 받아 가로챈 혐의다.

르메이에르건설은 2003년 12월 군인공제회에서 이 건물을 지을 자금을 빌린 뒤 채권자와 분양자들의 돈을 보호하기 위해 소유권을 대한토지신탁에 맡겼다.

르메이에르건설은 2007년 9월 건물 준공과 함께 882개실에 대해 분양에 나섰으나 60개실이 미분양됐다. 이에 정 회장 등은 이듬해 초 미분양 60호실에 대해 부동산 신탁을 해지하고 40호실에 대해 KB부동산신탁 등과 담보신탁계약을 맺은 뒤 이를 담보로 농협과 상호저축은행, 대한전선 등으로부터 562억 원을 대출받았다.

정 회장 등은 이후 미분양 물량이 금융기관에 담보로 잡혀있는데도 이 같은 사실을 숨긴 채 피해자 김 모 씨 등 25명과 분양계약을 맺고 분양대금 116억 원을 받아 가로챘다.

또 잔금이 남은 기존 분양자들에게는 "대한토지신탁이 아닌 르메이에르건설 계좌로 잔금을 입금하면 연체료를 면제해 주고 문제없이 소유권 이전등기를 해주겠다"라고 속여 7명으로부터 9억 7000여만 원을 챙기기도 했다.

뿐만 아니라 이미 분양받은 사람들에게도 "이미 분양받은 호실 대신 미분양 호실을 분양받으면 연체이자를 면제해주겠다"라고 속여 17명으로부터 61억 2000여만 원을 받아 챙겼다.

정 회장 등은 2007년부터 대출금 채무 등으로 신한 자금압박을 받고 있었기 때문에 분양대금 명목으로 돈을 받더라도 그 돈을 대출금 상환에 쓰고 피해자들에게는 소유권 이전등기를 해 줄 의사나 능력이 없었다고 검찰은 설명했다.

앞서 입주자들은 신탁사 중 한 곳인 대토신 계좌로 입금됐어야 할 분양금을 르메이에르건설이 중간에서 가로채는 바람에 오피스텔·상가 분양을 받고도 소유권을 확보하지 못했다며 정 회장 등 임직원 3명을 고소했다.

한편 정 회장은 2008년 3월 당시 약 40억 원의 세금을 체납하고 있는 상황에서 금융기관 대출을 받을 수 없게 되자 납세증명서를 위조한 혐의(공문서 위조 및 행사)도 받고 있다.

[부동산사기! 당할래? 피할래?]

이 사례는 사기 규모가 어마어마해서 MBC 'PD수첩'에서 방송까지 나가기도 했다. 부동산신탁을 통한 분양자에게 안전한 장치가 있음에도 불구하고 사기꾼은 또 빈틈을 노려서 자신의 주머니를 채운 것이다.

[수사 담당검사]

"당하는 사람은 신탁계좌로 입금해야 하는지
아니면 르미에르회사로 입금해야 하는지도
모르는 상황에서 그냥 건설회사가 지정하는
계좌로 넣으라고 하니까... 그냥 당한거죠"

복잡한 부동산 신탁 과정때문에 사기 당한줄도 몰랐다!

[부동산사기! 당할래? 피할래?]

부동산신탁이란 부동산 소유자인 위탁자委託者가 부동산의 유지 관리나 투자 수익을 올릴 목적으로 대상 부동산을 수탁자受託者에게 신탁하고, 수탁자는 그 부동산을 유지 관리하거나 혹은 토지를 개발하여 임대하거나 분양하여 수익을 올려 수익자受益者에게 교부하는 행위를 말한다.

부동산신탁의 특징은 부동산재산권을 대상으로 하는 제도이며, 등기명의인이 수탁자명의로 귀속되는 점, 그리고 수탁자는 배타적으로 부동산의 관리, 처분권을 가지나 어디까지나 신탁 목적에 따라 수익자의 이익을 위해 부동산을 관리 운영해야 하는 점이라 할 수 있다.

부동산신탁의 이점을 정리하면
① 소유자는 경험, 노하우, 자금이 없어도 전문신탁회사를 이용하여 사업을 영위하여 장기간 안정적 수익을 향수할 수 있고
② 소유자는 신탁수익권을 양도하거나 담보하여 자금을 마련할 수 있다.

③ 소유자의 상속, 파산 등이 직접 사업에 영향을 미치지 않기 때문에 사업 운영 자체의 안정성이 유지된다.

④ 소유자의 신탁재산이 상속되는 경우 당해 부동산 채무가 상속세 과세가격 산정 시 공제되어 상속 대책으로 이용할 수 있다.

⑤ 임차인은 신탁회사와 임대차계약을 하기 때문에 안심감이 있고 임료개정이나 임대차계약 갱신 시 합리적 교섭이 가능하다.

⑥ 국가나 지방자치체는 민간자금을 이용할 수 있어 재정부담의 경감을 도모할 수 있다.

⑦ 사회적으로는 임대형 토지신탁개발은 토지를 처분하지 않으므로 인근의 지가 앙등을 초래하지 않는다.

한마디로 말해서 분양자의 분양대금을 신탁회사에서 대신 맡아 두었다가 완공이 되어 소유권등기가 이루어지면 시공회사에 대금을 지급하는 거래 안전장치인 것이다.

🛡 사기 대처법

　주거공간이 아닌 오피스텔, 상가 등은 대한주택보증에서 취급하지 않고 부동산신탁회사에서 시공사와 분양 신청자의 거래를 안전하게 유지시켜준다. 사기를 당하지 않으려면 분양 당시 신탁회사와 계속 신탁 거래가 유지되는지 알아봐야 한다.

　위 사기 피해자들은 이런 1차 검증을 하지 않았다. 또한 신탁해지를 하고 해당 미분양 물건을 대출받았다면 등기부등본에 나와 있었을 것인데 이런 사소한 절차도 거치지 않은 것이다.

　종로라는 좋은 지역에 미분양으로 할인까지 해주는 조건에 반드시 확인해야 할 두 가지를 놓친 것이다. 계속 이야기하지만 미래 가치는 내 재산이 안전한 이후에야 실현 가능한 것이다.

사례 2

원룸 분양 사기
"임대수익 연 12%라더니… 군 간부 울린 부동산 투자 사기"

2014년 7월 4일 SBSCNBC

　전·현직 군 간부 60여 명이 부동산 투자 사기 피해를 입은 정황이 드러나 검찰이 수사를 벌이고 있습니다. 피해자 대부분은 상대적으로 부대 밖 정보 확인이 어려운 곳에 근무하는 군인들이었습니다.

우형준 기자의 보도입니다.

【기자】

지난 2010년 5월 19일, 국방일보에 실린 한 광고입니다. 원룸형 건
물에 투자하면 연 12%의 임대수익을 올릴 수 있다는 내용입니다. 광
고는 2010년 5월부터 9월 사이 9번 실렸습니다.

광고가 나간 이후 해병대 간부로 근무하던 A 씨는 투자 권유 전화
를 받았습니다.

「A 씨 / 피해자(투자 당시 현역근무): 군 전용 핸드폰으로 전화가 왔
었고요. 군인공제회하고 제휴되어 있다고 하고 국방일보에 이
렇게 나왔다고 하니깐, 제 월급, 퇴직금 다 들어갔죠.」

초역세권 수익형 (연 12%)
부동산 선착순 분양

"국방일보에 나와서 그냥 믿었죠!
군 전용 핸드폰으로 전화가 오기도 하고요.
군인공제회하고도 제휴되어 있다고 하고...."

군 간부 상대로 사기, 수익형부동산 투자 주의!

[부동산사기! 당할래? 피할래?]

3천만 원을 투자했지만 약속했던 임대수익을 받을 수는 없었습니
다. A 씨와 같은 피해를 주장하는 사람은 총 66명. 공통점은 투자 당

시 현역 군인이었고, 격·오지에 근무하고 있었다는 점입니다.

군인공제회 측은 자신들과는 무관한 일이라고 설명했습니다.

「군인공제회 관계자: 부천지역에 투자하거나 제휴되어 있는 거
　는 없었습니다.」
투자 대상으로 지목된 건물은 근린생활시설 건물로 45개의 방으로
이뤄진 고시원입니다. 등기 역시 투자자별 소유권이 인정되는 구분 등
기가 아니라 지분 등기였습니다.

「조은상 / 부동산 써브 팀장: 등기부등본 내용을 살펴보니깐
　공유자가 여러 명으로 설정이 되어 있습니다. 고시원 같은 경
　우는 구분 등기가 불가능하거든요.」

방별로 묶인 지분등기에는 피의자의 몫도 섞여 있어 투자자끼리 합
의를 한다 해도 되팔 수도 없는 상태입니다.
지난해 3월 수사에 나선 경찰은 피의자 정 모 씨를 사기혐의로 검
거했고, 정 모 씨는 현재 구속 수사를 받고 있는 상태입니다.

「임주홍 / 파주 경찰서 형사: 18억 상당의 부당이득을 취득한 사기
　혐의와 고시원을 관리하면서 지급할 수익금을 개인 생활비 등으로
　사용한 업무상 횡령 혐의로 정 모 씨를 구속하고 검찰로 송치된 상
　태입니다.」

사기 피의자는 국방일보라는 특수매체가 갖는 신뢰와 격·오지에 근무하는 군인들이 상대적으로 세상 물정에 어둡다는 점을 악용한 것으로 추정됩니다.

한편, 경찰에 따르면 피의자는 사전에 확보한 휴대전화 번호 가운데 군인들이 사용하는 특정 숫자 번호만을 집중적으로 노려 투자를 권유한 것으로 드러났습니다.

이 사기는 피해자 타깃을 분명히 설정하고 진행된 유형이다. 그만큼 어떤 직업군이 부동산 정보에 취약한지 조사를 했다는 것이다. 더구나 국방일보에 분양 광고를 실었으니 군인들 입장에서는 신뢰가 안 갈 수 없었을 것이다. 사기꾼들은 이 점을 정확히 노리고 18억 원을 꿀꺽해버린 것이다.

◉ 사기 대처법

피해자들은 현장도 가보지 않았을 것이고, 등기부등본도 안 봤을 것이다. 현재 은행 이자 수익률이 2% 정도인데 투자 수익율이 12%라면 말이 되는가? 이런 수익률이라면 강남의 큰손 아줌마들이 이렇게 좋은 상품을 가만히 두고 보고 있지 않았을 것이다.

보통의 부동산 투자자들은 은행 수익의 2~3배 정도의 수익이 나는 상품을 많이 선호한다. 그 이상의 수익이 나오는 상품은 존재하지 않기 때문에 관심조차 갖지 않는다. 그런데 일반인들은 그런 투자를 한 번도 해보지 않은 상태에서 단지 수익률에 환상에 빠져 사기를 당하는 것이다.

신문에 나는 수익형부동산(원룸, 도시형주택, 오피스텔, 상가)들은 기본적으로 그들이 광고하는 만큼 수익이 나기 힘들다.

요즘 수도권 지하철 객실 내부에 많이 붙어 있는 일명 찌라시 광고지다. 내용을 보면 1억 투자해서 월 240만 원의 수익을 얻을 수 있다고 나와 있다. 이런 건은 주로 은퇴자들을 노리는 사기이다. 퇴직금을 가지고 정기적인 수입을 원하는 사람들을 타깃으로 하는 것이다.

이런 부동산은 공실이 생길 경우 관리비는 소유주가 계속 부담해야 함을 누구도 알려주지 않는다. 초보 투자가들은 일반 빌라나 아파트처럼 쉽게 임대가 되겠지, 안 되면 그냥 대출이자나 내면 되겠지 하다가 큰 손해를 본다. 수도권에서 이런 수익형 부동산이 대량으로 경매에 나오는 경우도 잦아졌다.

14-8100 (1)		오피스텔 서울특별시 양천구 신월동 45-2. 근상아트프리즘 2층 201호 대지권 5.69㎡, 건물 22.01㎡	79,000,000 50,560,000	유찰 2회 (64%)	2015.02.24 (10:00) 입찰 11일전
14-8100 (2)		오피스텔 서울특별시 양천구 신월동 45-2. 근상아트프리즘 2층 202호 대지권 6.58㎡, 건물 25.5㎡	92,000,000 58,880,000	유찰 2회 (64%)	2015.02.24 (10:00) 입찰 11일전
14-8100 (3)		오피스텔 서울특별시 양천구 신월동 45-2. 근상아트프리즘 2층 203호 대지권 6.58㎡, 건물 25.5㎡	92,000,000 58,880,000	유찰 2회 (64%)	2015.02.24 (10:00) 입찰 11일전
14-8100 (4)		오피스텔 서울특별시 양천구 신월동 45-2. 근상아트프리즘 2층 204호 대지권 6.58㎡, 건물 25.5㎡	92,000,000 58,880,000	유찰 2회 (64%)	2015.02.24 (10:00) 입찰 11일전
14-8100 (5)		오피스텔 서울특별시 양천구 신월동 45-2. 근상아트프리즘 2층 205호 대지권 6.58㎡, 건물 25.5㎡	91,000,000 58,240,000	유찰 2회 (64%)	2015.02.24 (10:00) 입찰 11일전
14-8100 (6)		오피스텔 서울특별시 양천구 신월동 45-2. 근상아트프리즘 2층 206호 대지권 5.52㎡, 건물 21.38㎡	76,000,000 48,640,000	유찰 2회 (64%)	2015.02.24 (10:00) 입찰 11일전
14-8100 (7)		오피스텔 서울특별시 양천구 신월동 45-2. 근상아트프리즘 2층 207호 대지권 5.52㎡, 건물 21.38㎡	76,000,000 48,640,000	유찰 2회 (64%)	2015.02.24 (10:00) 입찰 11일전

위 사진은 경매 사이트에 나온 오피스텔 물건 현황이다.

이런 물건이 대량으로 경매에 나오는 이유는 다양하지만 대부분 세입자를 찾지 못해서 이자를 감당하지 못해서 경매 처분되는 것이다.

이런 수익형 부동산은 대출 이자<월세 구조로 이어가지 못하면 운명은 다들 비슷하다. 더 좋은 내부 구조와 교통 환경을 가진 비슷한 오피스텔, 원룸 등이 나타나면 이전의 부동산은 수요가 급감하고 결국 경매로 나오게 되는 것이다.

<u>투자에 앞서서 권리 관계(등기부등본상 대출과 압류가 있는지와 소유권 이전에 문제가 없는지)와 주변 비슷한 부동산 상품이 임대가 잘되고 있는지는 기본적으로 알아보고 투자해야 한다. 자신이 사무실 용도로 쓴다고 할지라도 나중에 처분할 때 임대가 잘 안 되는 물건이라면 애물단지로 변할 가능성이 높다.</u>

아울렛 분양 사기
"유럽풍 파주 파비뇽 아울렛… 2년 만에 폐업, 왜?"

2011년 7월 26일 노컷뉴스

지난 2009년 5월 야심차게 오픈한 멋진 유럽풍인 파주 파비뇽 아울렛.

활기 넘쳐야 할 매장에는 정적이 감돌고 전기가 끊겨 멈춰버린 시계탑은 2년 전의 기대와 희망이 폐허로 전락했음을 대변하고 있다.

시행사인 부동산개발업체 '오쉘인'은 청주 아울렛 분양을 실적으로 지난 2007년 7월 파주 문발IC 근처에 파비뇽 아울렛을 오픈했다.

하지만 경기도 외곽에 위치한 파주 파비뇽은 인근 자유로와 접근성이 떨어진 데다 인근 지역에 대형 명품 매장이 속속 들어서면서 결국 수익성 악화로 제대로 시작도 하기 전에 폐업을 선언할 수밖에 없었다.

이 과정에서 대기업 롯데와 신세계에 버금가는 명품 아울렛 매장을 기대하고 전 재산을 털어 분양 계약에 나섰던 57살 박 모 씨 등 30명은 회사 측에 맞서 수년 동안 외로운 법정 싸움을 하고 있다.

이 다툼의 중심에는 김황식 국무총리의 매형이 그룹 회장으로 있는 일진그룹이 있다. 일진그룹은 페이퍼컴퍼니의 일종인 일진캐피탈과 시행사인 오쉘인을 통해 파주 파비뇽 아울렛 상가를 분양했다가 지난 2009년 4월 46개 매장의 분양권을 다시 회수했다.

분양자들이 중도금과 잔금 납부를 거부했다는 이유 때문이다. 회사 측은 또 분양자들의 상가를 회수한 데 이어 분양자들이 상가 금액의 30%에 이르는 중도금을 내지 않았다며 솔로몬저축은행이 대신 납부한 대출채무원리금을 내라는 구상권을 청구했다.

이에 대해 분양자들은 회사 측이 분양을 위해 자유로에서 진·출입이 가능하고 상가 전체를 의류·패션 전문매장으로 운영한다고 광고했으나 이는 사실과 달라 명백한 허위 분양이라고 주장했다.

또 분양 계약자들은 분양 대금 중 148억 원이 파비뇽 공사와 상관없는 일진그룹 계열사 ㈜아트테크에 유출돼 결과적으로 파비뇽 준공 시기가 당초 계획보다 1년 늦어졌다고 주장한다.

분양자들은 특히 시행사인 오쉘원이 2009년 4월 분양계약해제통지서를 발송하기도 전에 매장 소유권을 일진그룹 계열사인 일전전기에 소유권 이전 등기를 마치는 등 분양 계약을 어겼다고 밝혔다.

서울서부지방법원은 지난 2월 회사 측의 구상권 청구를 기각하고 회사 측이 분양 계약 내용을 어겼다며 계약금을 분양자들에게 반환해야 한다고 밝혔다.

하지만 서울고등법원은 지난 5월 일진그룹이 실질적인 시행사의 지위에 있지 않았다며 회사 측의 손을 들어주는 등 1심과 2심 판결이 엇갈렸다.

분양자 박주선 씨는 "1, 2심 판결이 다른 것은 개별적으로 소송을 진행하면서 일부 분양자들의 소송 준비가 소홀했기 때문이다. 회사 측의 불법행위를 입증할 추가 자료를 확보했다"면서 대법원 판결에 대한 마지막 희망의 끈을 놓지 않았다.

2년만에 폐업, 파주' 파비뇽아울렛'

[부동산사기! 당할래? 피할래?]

    대규모 복합 쇼핑상가는 상권이라는 거대한 공룡과 싸워 이겨야
한다. 파주 파비뇽 아울렛은 2010년까지 파주 일대에서 가장 규모가
큰 아울렛 단지였다. 신도시 교하지구와 가까운 입지로 성공을 기다
리는 듯했다.

    당시 아울렛 분양 광고를 보면,

❸투자수익

기 준	J동 1층 101 호 29.117평			
항 목	최저예상	기준예상	최고예상	비고
①분양가		639,904,309		-
②예상보증금	0	60,000,000	0	보증금예상액
③예상월세	0	2,500,000	0	월세예상액
④융자금	0	277,561,723	0	융자처리할금액
⑤융자이율	0%	7%	0%	융자금연이율
⑥실투자금액	639,904,309	302,342,586	639,904,309	①-(②+④)
⑦월대출이자		1,619,110	0	④×금리%÷12개월
⑧실질월수익	0	880,890	0	③-⑦
⑨실질연수익	0	10,570,679	0	⑧×12개월
⑩실질연수익률	0.00%	3.50%	0.00%	⑨÷⑥×100
상기 투자수익률표는 예상값으로				
보증금 및 월세등의 시세변동이 있을 수 있음을 충분히 고려하셔야 합니다.				
취득세 등록세로 기타 추가비용 발생비 있을 수 있습니다.				

구분된 1개 호 96m²(29평)의 상가 분양가는 6억 3천9백만 원이고, 임대 시 보증금 6천만 원을 받을 수 있다고 광고하고 있다. 예상 연 수익률은 겨우 3.5%에 불과한데도 30여 명이 분양을 받았다. 이후 분 양한 상가 위주로 일부 임차인들이 임점을 해서 쇼핑몰 상권을 이루 는 듯했다. 하지만 2011년 3월, 8km 거리에 대기업 신세계 프리미엄 아울렛이 입점하면서 파비농은 침몰하기 시작한다.

〈파주 프리미엄 아울렛 오픈 전경〉

엎친 데 덮친 격으로 그 시점에 산업단지 입점에 대한 법률이 변경된 다. 산업단지 내에 들어올 수 없던 업종이던 판매업이 추가된 것이다. 파비농 아울렛에서 3km 거리에 롯데쇼핑이 출판산업단지 2단계 부지 안 지원시설용지 4만 9000여㎡ 가운데 80% 규모인 3만 9000여㎡(축구장 의 5.5배 크기)를 토지주택공사로부터 낙찰받아 프리미엄 아울렛을 개장 했다. 산업단지 내에 초대형 판매시설이 입주하는 것에 대해 주변 상인 들의 반발이 컸지만 산업단지공단은 같은 법 시행령에 '판매업'도 지원 시설에 입주할 수 있다는 규정이 있어 입주 심사를 통과시켰다.

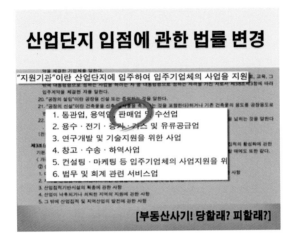

MB정권의 롯데에 대한 관대함은 잠실 제2롯데월드와 김포공항 롯
데몰 그리고 출판단지 판매점 입점까지 이어졌다.

유통 거대 공룡 신세계와 롯데가 5~10분 거리에 생기는 상황에 파
비뇽 아울렛은 살아남을 수가 없었던 것이다. 이후 파비뇽 상가는 법
원 부동산경매에 나오기 시작했다.

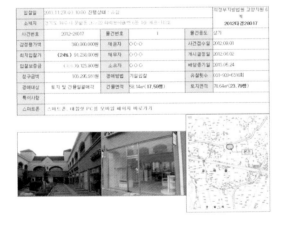

분양 당시 평당 2,200만 원이던 상가는 법원으로 경매 처분 당시 감정가가 평당 2,100여만 원으로 큰 변화는 없어 보인다. 하지만 이 상가는 여섯 번 유찰되고 2013년 12월 123,000,000원에 낙찰된다. 평당 낙찰 가격은 700만 원 선이다. 분양 당시 가격에 30% 선으로 그것도 경쟁 없이 단독 입찰을 받아갔다.

등기부등본을 찾아봤다. 어떤 이가 이 상가를 분양받았고 어떤 이유로 경매까지 나오게 되었는지 궁금했다. 분당에 사는 40대 여성이 국민은행에 1억을 대출받은 것으로 나와 있는 것으로 보아 2억 8천 정도의 돈을 이 상가에 투자한 것이었다. 무슨 이유인지는 모르지만 소유주는 사망하였고, 그 이후 상속인인 남편은 상속 포기를 한다. 수익이 안 나고 이자만 나가는 부동산이니 상속 포기가 수순이었을 것이다.

✅ 사기 대처법

계산을 해보면 2억 8천만 원을 투자한 상가는 임대업으로 돈을 벌 수 있다는 기대와는 다르게 수익은커녕 투자금 중 한 푼도 회수하지 못했다.

상가를 분양받는 것이 얼마나 위험하고 어려운 것인지 보여주는 사례다. 대기업이 엄청난 자금을 투여해서 만들어 버리는 상권에 개미들이 당해낼 재간이 없는 것이다.

부동산 투자의 대가들은 공통적으로 "상가와 토지 투자가 가장 어렵고 수익을 내기 힘든 분야이니 일반인은 특히 초보 투자자들은 생각하지도 않는 것이 좋다"고 조언한다.

상가를 분양받거나 투자할 경우, 관공서, 학교, 대형병원 그리고 1,000세대 이상의 아파트 단지 등이 인접해 있는 곳이 안전하다. 역으로 뒤집어 보면 관공서나 대형병원 등이 쉽게 어디로 이전하기 어려우니 상권이 안정적으로 운영될 수 있는 구조라는 것이다.

또한, 정치권에서도 이런 대형 유통업체의 무자비한 상권 진입에 대한 문제점을 지적하고 있다. 국회 차원에서 아울렛으로 인한 더 이상의 피해를 막기 위해 입법 추진에 나선다는 입장이다. 특히 지역 상권을 보호하기 위한 '지역협력계획서'와 '상권영향보고서'를 대기업이 자체적으로 작성해 왔는데 이런 제도적 허점도 시급히 보완할 필요가 있다는 지적이다.

김현미 의원(새정치민주연합)은 국회에서 '유통 대기업의 아울렛 시장 진출 실태 점검' 토론회를 열고 최근 수년간 전국 각지로 뻗어나가고 있는 대기업 아울렛 사업의 폐해를 짚었다.

아울렛 분야의 대기업 3사는 롯데, 신세계, 현대이다. 그동안 도심 및 교외에 경쟁적으로 아울렛을 출점해 왔고, 앞으로도 공격적인 출점을 추진할 것으로 예상된다.

문제는 자영업자가 대부분인 주변 상권이 '몰락'의 고통을 겪는다는 사실이다. 주로 패션·잡화가 대부분을 차지하지만 각종 먹거리나 편의시설도 더해져 '복합쇼핑몰'로 불리는 대기업 아울렛은 그 규모가 대형마트의 10배에 달할 만큼 큰 덩치를 자랑한다.

소상공인시장진흥공단 노화봉 조사연구실장은 롯데·신세계아울렛과 타임스퀘어(영등포) 주변 314개 소상공인의 실태를 조사한 결과, 주변에 대형 쇼핑몰이 들어온 이후 한 곳당 월 평균 1,300만 원의 매출이 감소한 것으로 나타났다고 밝혔다. 감소율은 46.5%로 거의 반 토막이 난 셈이다. 연간으로 계산하면 1억 6000만 원의 영업 손실이 발생한다는 계산이다.

영업이 안 되는 상가에 임차인으로 들어올 이가 없으니 분양받는 상가도 역시 빈 수레가 될 수밖에 없는 것이다. 상가를 분양받는 건 부동산 투자의 고수들만이 움직이는 세계임을 명심해야 한다.

사례 4

미분양 아파트 할인 사기
"'아파트 할인만 덜컥 믿다가…' 분양 사기 주의보"

2014년 01월 22일 헤럴드경제

최근 부동산 시장 침체로 아파트 미분양이 장기화되면서 할인 분양에 나서는 단지들이 많아지고 있다. 발코니 확장비용 무상 제공, 중도금 무이자 등의 혜택은 물론이고 아파트 분양가의 최대 40%까지 할인 분양하는 단지들이 속출하고 있다. 그러나 할인 분양 조건에 혹하기보다는 앞서 나타난 할인 분양 피해자들의 조언에 귀를 기울일 필요가 있다.

"아파트 할인 분양요? 똑같은 피해가 계속 일어나고 있어요. 저 같은 피해자가 또 안 나온다는 보장이 없습니다."

아파트 할인 분양 피해자인 노창복(63) 씨는 오랜 법정 소송으로 지친 가운데 "나 같은 피해자가 더 나오지는 말아야 한다"고 힘줘 말했다.

그는 지난 2009년 안성 공도 지역에서 A 아파트를 40% 할인 분양을 받았다. 전용 84㎡ 할인 분양가는 1억 2580만 원이었다. 이듬해인 2010년 8월 이삿짐을 꾸려 부푼 꿈을 안고 새 아파트로 향했지만 아파트 문전에서 '박대'를 당했다.

아파트 할인 분양을 미끼로 한 사기가 발생되고 있어 주의가 요망되고 있다. 사진은 할인 분양 사기 논란에 휘말렸던 아파트 중 한 곳.

선수관리비 25만 원을 내고 입주증까지 받았지만 끝내 아파트 열쇠를 건네받지 못했다. 시공사 측은 "계약자는 맞는데 중도금과 잔금

납입이 안 됐다"며 그를 막아섰다. 청천벽력이었다.

그는 "40%로 할인받는 대신 한 번에 일시불로 완납했다"고 해명했다. 그러나 아무도 들어주지 않았다. 당장 오갈 데가 없어진 그는 창고에 이삿짐을 맡기고 길거리로 나앉았다.

"할인 분양을 받는 대신 아무에게도 발설하지 말고 입금은 시행사 계좌로 하라"는 말을 따랐던 게 문제였다. 돈을 받은 시행사가 시공사에 돈을 보내지 않은 것.

그와 같은 피해를 입은 사람들이 몇 명인지 알지 못한다. 다만 소송 과정에서 같은 사건으로 묶여 법정에서 우연히 만난 피해자들만 13명에 이른다. 이들 중에는 아파트에 이어 상가마저 할인 분양을 받았다가 충격을 받고 목숨을 끊은 사람도 있었다.

노 씨는 시행사를 상대로 한 법정 소송 중에 시행사 대표가 해외로 도피하고, 자신이 분양받은 아파트는 다른 사람이 분양받아 실의에 빠져 있었다. 그런데 지난 12월 말, 아파트 시행사로부터 사기 분양을 당한 부산 B아파트 입주민에게 "집을 비우라"는 대법원 최종 판결이 나오자 깜짝 놀랐다. 자신의 피해 사례와 흡사했기 때문.

A아파트와 비슷한 시기에 분양, 2010년 5월 입주한 수원 C아파트에서도 비슷한 피해 사례가 나왔다. 역시 피해자들은 시행사 계좌로 입금했다가 낭패를 당했다.

회사 보유분 특별 할인 분양 = 미분양!

[부동산사기! 당할래? 피할래?]

🛡 사기 대처법

아파트를 짓고 분양하는 구조는 복잡하다. 시공사와 시행사, 분양대행사 등 일반인들은 용어조차도 구별하기 쉽지 않다. 용어부터 알아야 누가 사기꾼인지 알 수 있다.

용어를 설명하자면 **시공사**는 말 그대로 아파트를 짓는 건설회사다. 현대건설, 한화건설, 포스코건설 같은 이름을 가진 회사를 말한다. 시행사가 발주한 아파트 개발 부지 또는 재개발지역에 아파트를 지어주는 업체이다.

시행사는 어떤 부동산개발사업의 실질적인 사업 운영자를 말한다. 아파트라면 그 아파트 사업의 실질적 운영자, 즉, 재건축 아파트라면 재건축조합, 민간 사업자라면 그 사업장의 부동산개발회사나 지주 등 현실적인 그 사업을 실행하는 장본인을 뜻한다. 시행사는 시공사(보통 건설회사)에게 도급건설을 주어 건축을 완성하며, 자금은 금융기관으로부터 조달하는 등의 역할을 한다. 실정법상은 부동산 개발업을 영위하기 위해 국토해양부장관에게 등록한 부동산 개발업자를 말한다.

분양대행사는 시행사와 계약을 체결하고 분양과 관련된 모든 업무를 대행하며 수수료를 받아 수익을 얻는 회사를 말한다. 분양대행사는 시공사 또는 시행사와 계약을 맺고 아파트나 상가 등의 부동산 계약을 유치하는 회사이다.

분양대행사 직원은 자격의 제한이 없다. 분양대행사 직원의 계약 과정에서 사기를 당하는 경우도 허다하다.

위 피해자들의 경우에는 아파트 분양에 대한 사전 정보가 부족하기도 하였지만, 시스템적으로 사기에 노출된 경우이다. **분양 계약자들이 시행사에 돈을 보냈다가 시공사가 모른다고 하면 투자한 돈은 허공으로 사라진다. 따라서 분양계약서 지정 계좌 이외에 시행사 계좌로 돈을 보내면 절대 안 된다.**

현행법에서는 준공과 동시에 소유권이 신탁회사로 넘어가게 되어 있다. 이런 경우에 준공이 난 아파트 소유권은 신탁회사에 있어 소송을 해도 돌려받을 수 없게 된다. 즉, 준공이 난 이후 미분양이 난 아파트는 시행사와 시공사가 협의하여 할인 분양을 진행하는데 이때 시행사가 나쁜 마음을 먹으면 언제든지 이런 사기 피해가 발생할 수밖에 없다.

2015년 2월, 국토교통부는 올해 안에 전국 약 2,000개 시행사의 대표자 자산, 신용도, 평가등급, 사업실적, 자기자본, 전문인력 규모 등을 종합해 공시할 예정이라고 한다.

국토부 관계자는 "소비자와 금융회사가 시행사의 자세한 정보를 한눈에 들여다볼 수 있도록 인터넷을 통해 관련 정보를 제공할 예정"이라며 "건설사에 대한 시공능력평가처럼 시행사가 얼마나 믿을 만한지 판단할 수 있는 근거가 될 것"이라고 밝혔다. 국토부는 앞으로 시행사들의 개별 부동산개발사업에 대한 사업성도 평가하는 방안을 검토하고 있다.

국토부는 지방자치단체를 통해 보고받는 시행사 정보를 먼저 공시하고 신용도 및 사업능력평가를 진행해 그 등급을 A, B, C 등으로 매겨 공개할 예정이다. 현재는 각 지자체가 산발적으로 일부 정보만 공개하고 있지만 정보가 균일하지 않다.

시행사는 땅 매입, 사업기획, 시공사 선정, 분양이나 임대 등을 총괄적으로 끌고 가는 부동산 사업의 실질적 주인이다. 2013년 말 기준 전국 약 2,000개 시행사가 터에 건물을 세우는 건축물개발사업만 97조 536억 7000만 원을 들여 진행하고 있다. 하지만 많은 시행사는 규모가 영세해 대형 건설사 등 시공사로부터 보증을 받아 투자금을 모으지 않으면 사업을 진행할 수 없는 상태이다.

금융위기 이후 위축된 부동산개발시장이 살아나면서 지난해 말부터 시행사가 늘고 있다. 이 중에는 평가를 받는 것이 무의미할 정도로 열악한 곳도 꽤 있다. 이 때문에 부동산 분양이나 임대 관련 광고를 본 투자자가 시공사인 건설사의 인지도만 믿고 투자했다가 피해를 볼 가능성이 높다.

시행사가 부도 위기인지, 분양 사기 등을 벌인 전력은 있는지, 돈을 투자할 만큼 믿을 만한 곳인지 판단할 수 있는 정보가 거의 없기 때문에 피해자들이 많았던 상황이었다. 국토부가 이런 상황을 인지하고 대응에 적극 나선다면 이전보다는 더 나은 투명성을 가지게 될 것이고 이런 사기에 당하는 이들도 감소하지 않을까 기대해 본다.

한 번 속을 때는 속인 사람 탓,

두 번 속을 때는 속은 사람 책임이다.

–폴 새뮤얼슨–

Chapter 3
경매 사기 유형과 대처법

01 교육, 투자 사기

02 경매브로커 컨설팅 사기

01
교육, 투자 사기

경매가 재테크에 좋은 수단이라고 알려지면서 20대 청년부터 은퇴한 실버세대까지 경매를 배우려고 하는 상황이다. 부동산경매란 것이 책으로 독학하기가 쉽지 않기 때문에 여기저기에서 부동산경매에 대한 학원이 들어서고 무료 교육까지 이루어지고 있다. 이 과정에 경매를 가르치고 알려주는 이들이 정보에 무지한 이들을 이용해서 사기를 저지르는 경우도 심심치 않게 벌어지고 있다.

좋은 의도로 가르침을 시작해야 할 경매 전문가 또는 교육자들이 경매라는 복잡하고 특수한 부동산 물건을, 공동투자 또는 저가매수라는 조건을 내걸어 많은 이들의 돈을 노리는 것이다.

아래 표는 서울 주요지역 경매 낙찰가율을 비교한 것이다.

낙찰가율이란 법원에서 경매 신청한 부동산의 감정가 대비 낙찰가의 비율을 뜻한다. 즉 낙찰가율이 100%라는 것은 감정가 2억 아파트를 2억에 낙찰받았다는 의미이다.

100%에 근접하면 애기 업은 아줌마, 학생, 할아버지가 경매 법정에 자주 보인다고 한다.

서울 주요 지역 법원경매 낙찰가율　(단위: %)

구분	2014.1	2	3	4	5	6	7	8	9	10.1~9
서울	83.0	82.5	85.5	87.3	85.4	84.1	86.1	86.9	88.5	90.8
강남	83.8	88.2	89.1	99.3	85.1	83.5	89.0	91.6	92.7	100.3
양천	82.4	87.6	87.8	87.4	81.8	83.3	85.2	83.2	93.4	98.8
노원	84.6	86.0	85.7	87.9	83.2	85.9	86.0	87.6	89.5	95.7
송파	85.7	79.7	82.8	86.0	76.8	83.5	83.3	81.1	88.2	94.8

자료: 지지옥션

경매로 돈을 벌었다는 이가 쓴 책이 대형서점 부동산, 재테크 코너에 수십 권이 놓여 있고, 무료 경매교육을 알리는 광고가 온라인과 일간지, 무가지 등에 수없이 올라오는 상황이니 경매 법정에 많은 이들이 찾아오는 것이다.

경매 재테크로 부자되기! 아무나?

[부동산사기! 당할래? 피할래?]

경매로 성공한 Daum 카페 '선한부자'의 운영자에게 필자가 교육을 받을 당시 그가 남긴 이야기가 아직도 선명하다.

"경매를 공부하는 이들이 100명이면 실제로 경매 법정에 가서 낙찰받는 이들은 5명이 안 된다. 그리고 경매 투자는 공동 투자를 하지 말라"

그렇게 말한 이유를 경매 투자를 해 보면서 알았다. 어렵고, 귀찮고, 두렵고, 낙찰받지 못하면 화가 나기 때문이다. 그만큼 경매라는 부동산 투자가 쉽지 않음을 조금이라도 해본 사람은 알 수 있다. 특히나 공동 투자는 나중에 꼭 문제가 생긴다고 하여 필자는 반드시 혼자서 진행한다.

물론 투자 성향과 돈에 대한 생각, 그리고 사람을 대하는 태도가 딱 맞는 이를 만난다면 달라질 수도 있겠지만….

아무튼 경매 강의를 수강하는 사람들은 교육하는 이들의 경력에 빠져서 자신의 돈을 쉽게 내준다. 마치 자신이 몰라도 돈만 맡기면 눈덩이 굴리듯 커질 수 있을 거라는 환상에 빠져서 말이다. 이런 투자 성향을 가진 이들에게 사기꾼들은 조용히 다가서서 지갑을 비워버린다.

사례 1
"고수익 미끼, 경매 사기행각 판친다"

2014년 10월 31일 전북도민일보

전주지방검찰청 형사3부(부장 안형준)는 부동산경매학원을 운영하면서 투자 강좌 수강생들에게 NPL(부실채권) 투자를 통해 고수익을 보장하겠다고 속여 여성 피해자 2명으로부터 1억 5000만 원을 편취한 혐의로 전 경매학원 원장 이 모(48) 씨를 구속 기소했다.

이씨는 2012년 9월, 전주시 완산구 소재에 부동산경매학원을 차려놓고 기존에 진행하던 부동산경매 투자보다 부실채권 투자가 수익이 많이 난다고 속이고, 이 채권에 투자하면 6~8개월 내에 연 26.5%의 고수익을 올릴 수 있다며 학원생에게 투자를 권유했다.

이 씨는 이 같은 수법으로 학원생에게 2012년 9월과 10월 각각 5,000만 원을 받아 가로챈 혐의를 받고 있다. 또한, 같은 수법으로 또 다른 학원생에게 5,000만 원을 송금받아 편취한 혐의를 받고 있다.

이 학원생은 이 씨가 경매학원 원장인 점 등 직함을 믿고 투자했지만 결국 사기를 당했다.

"부동산경매 '사기' 기승… 대중화 증거"

2013년 11월 6일 아주경제

부동산경매 관련 사기 행위가 잇따르고 있어 입찰자들의 주의가 요구된다. 대리 투자를 명목으로 투자금을 챙겨 잠적하는 등의 수법이다.

6일 서울 강동경찰서에 따르면 K대 미래지식교육원 수강생 30여 명이 부동산경매컨설팅 강사 임 모 씨에게 40억 원을 사기당한 것으로 밝혀졌다.

경찰 관계자에 따르면, 피해를 본 수강생들은 지난 6월부터 부동산경매컨설팅 강사로 활동 중인 임 씨로부터 '부실채권'에 투자하면 높은 수익을 낼 수 있다는 말을 듣고 투자금을 건넸다.

그러나 수강생들은 투자금을 건넨 뒤 만나기로 한 자리에 임 씨가 나타나지 않자 피해 사실을 뒤늦게 깨닫고 경찰에 신고한 것으로 알려졌다.

경찰에 따르면 임 씨 명의의 계좌에는 40억 원은커녕 아예 잔고 자체가 없는 것으로 파악됐다.

⬡ 사기 대처법

사례 1)과 사례 2)에서 공통적으로 나타난 사기 유형이 바로 경매 강의를 하는 학원에서 투자를 권유해서 사기를 친 점이다. 경매는 부동산 매매 분야에서는 특수한 분야이다. 아무나 덤빌 수 없는 분야이기 때문에, 아는 사람이나 학원을 통해 경매를 배우려고 하는 일반인들의 성향 때문에, 경매를 하면 돈을 벌 수 있다고 하기 때문에, 경매학원에 많은 이들이 몰린다.

경매학원에 온 사람들의 공통점은 경매에 대해서 잘 모르는 사람들이고, 이 점은 사기를 치기 가장 좋은 구조를 가진 것이다. 사람들이 쉽게 설득당하고 의심하지 않는 심리학적 이론이 이것이다.

'권위의 법칙'

경찰 제복을 입고 있는 사람은 의심하지 않고, 광고 모델이 의사 복장을 하고 있으면 광고하는 약에 무한한 신뢰를 보낸다. 파워블로거가 추천한 상품은 무조건 맹신한다. 사기꾼들은 이런 이론을 정확히 이용할 줄 안다.

경매를 가르치는 학원이 모두 사기의 의도를 가진 것은 아니기 때문에 어떤 방식으로든 사기의 징후를 파악하고 피해야 할 것이다.

<u>핵심은 본인의 명의로 경매 입찰에 들어가는 것이 아니라면</u>(최소한 공동 명의로 입찰 참여) <u>자신의 돈을 함부로 주어서는 안 된다. 자신의 돈이 어딘가에 투자되고 있는데, 문제가 발생하면 투자금을 회수할 방법이 없는 이런 투자 상품에 투자하는 것 자체가 '묻지 마' 투자이기 때문이다.</u> 사기당했다고 억울해 할 것이 아니라 사기일 가능성이 높은 상품에 투자한 본인에게 문제가 있는 것이다.

잘 모르니 대리 투자를 하는 것이 아니냐고 반문할 수도 있지만,

잘 모르면 대리 투자를 하지 말아야 한다. 모르는 분야에서 돈만 투자한다고 돈을 벌 수 없기 때문이다.

경매로 돈을 벌 수 없다는 것을 말하는 것이 아니라 충분한 교육과 학습, 그리고 실제 낙찰 경험을 통해 최소한의 기본 투자 룰은 알아야만 작은 수익이라도 낼 수 있음을 알아야 한다.

돈의 단점은 욕심이라는 놈이 따라다닌다는 것이다. 즉, 온전히 내 것으로 만들지 못하는 상황에 타인과 함께 돈을 나눈다는 것 자체가 불완전한 구조를 안고 가는 것이다. 26%라는 높은 수익을 내는 것은 나중 문제다. 내가 가진 자산을 지킬 수 없는 구조는 그냥 허공에 돈을 뿌리는 행위와 같음을 명심한다면 이러한 사기는 당하지 않을 것이다.

사례 3
"범죄액 최소 600억… 사기꾼 전락한 경매의 신"

2015년 1월 15일 아주경제

지난 13일 오후 2시, 서울중앙지법 423호 법정. 하늘색 수의를 입은 한 50대 남성이 법정에 들어서자 방청객들의 고성이 터져 나왔다. "저런 찢어 죽일 놈""너 때문에 사람이 죽었어""내 돈 돌려놔"…. 분에 못 이겨 눈물을 짓는 사람도 있었다. 50대 남성은 방청객들의 원성을 외면한 채 굳은 얼굴로 피고인 자리에 앉았다.

피고인은 이상종(57). 2000년대 초만 해도 '경매의 신'으로 불리던 사람이었다. '경매의 신'이라는 경지에서 어떻게 한순간에 사기꾼으로 전락한 것일까.

14일, 법원과 검찰 등에 따르면 1990년대 법원에서 경매계장으로 근무하던 이 씨는 2000년부터 부동산경매 투자를 잇따라 성공시켜 명성을 얻기 시작했다. 대형 건물을 싼값에 경매로 낙찰받아 찜질방·헬스클럽 등의 사업으로 막대한 시세 차익을 남기는 이 씨의 방식은 당시 화제가 됐다. 그가 대표로 있던 S레저그룹은 한때 계열사만 27개에 자산이 8,000억 원에 이르렀다.

하지만 무리한 사업 팽창은 2007년 이후 글로벌 경기 침체와 국내 부동산 시장 침체로 직격탄을 맞기 시작했다. 이 씨는 위기를 넘기려고 돈을 여기저기서 마구잡이로 끌어오기 시작했다.

자신이 세운 부동산 실무교육기관인 서울GG아카데미의 수강생이 첫 타깃이었다. 이 씨는 2007년 11월~12월 자신을 따르던 수강생 100여 명에게 "충남 아산시 아파트 경매 분양을 성공시키면 최대 300%까지 수익을 낼 수 있다""내가 경매 9단 아니냐. 설혹 경매가 잘못되더라도 내 자산이 1조 원이니 원금과 수익금은 보장해 준다"라는 달콤한 말로 꼬드겨 65억 원을 받아냈다. 하지만 이 씨는 이 돈을 회사 빚을 갚거나 공사대금으로 써버렸다. 피해 수강생들이 뒤늦게 투자금을 돌려달라고 요구하자, 이 씨는 다른 수강생들로부터 비슷한 수법으로 6억 8500만 원을 받아내 이를 피해 수강생에게 일부 돌려줬다.

비슷한 사례이지만 과정과 사기 대처법이 다른 상황이다.

위 기사의 사기 상황을 아래처럼 조금만 의심해 봤다면 어떠했을까 생각해 본다.

Q1) 자산이 1조 원이나 되는 이가 굳이 몇 푼 안 되는 경매 강의를 힘들게 하고 싶었을까?

Q2) 재산이 많은 이가 수익이 300%나 나는 경매 부동산을 굳이 타인과 함께 투자하려는 선의가 있을까?

Q1)에 대한 답은 "결코 그렇지 않다"이다. 사람의 심리는 앉으면 눕고 싶고, 누우면 자고 싶은 편안함을 추구한다. 엄청난 자산을 가진 이가 목 아프게 강의해서 얻을 수 있는 게 별로 없다. 그리고 재산을 많이 가진 부자들의 공통점은 자신이 하지 않아도 되는 일은 돈을 주고 남을 써서 한다. 그 시간 동안 자신은 지불한 돈의 수십, 수백 배의 이익이 되는 일에 몰두한다.

Q2)의 대답도 경매 부자들의 속성을 안다면 "없다"이다. 10%만 수익이 나는 경매 부동산도 은행에서 대출을 받으면 대출 이자보다 더 많은 수익을 발생하는 것을 잘 아는 경매 부자들이다. 실제로 수익이 300%라면 사채 이자라도 빌려서 본인이 모든 수익을 가져가려 할 것이다. 그리고 지구상에 존재하지 않는 투자금 대비 300%의 수익이 나는 상품을 믿는 것은 투자 성향의 문제이다.

<u>**짧은 시간에 대박은 없다. 조금씩 천천히 나아가서 만든 작은 수익이 길게 보면 대박이 되는 것일 뿐.**</u>

02
경매브로커 컨설팅 사기

경매를 하면 돈이 된다고 하니 돈을 벌고 싶은데 하는 방법은 모른다. 어떤 이들은 스스로 공부해서 그 길을 찾아 가고 또 어떤 이들은 경매 브로커들과 컨설팅업체를 통해 돈을 벌려고 한다. 후자의 경우 사기에 항상 노출되어 있다.

경매 브로커들이 어떤 식으로 사기를 치는지 사례를 보고 어떻게 대체해야 하는지 알아본다.

사례 1
"'싼값에 낙찰 받아줄게' 경매 사기 행각 16명 적발"

2013년 03월 12일 연합뉴스

최근 불경기 탓에 급매물이 쏟아지는 등 법원 경매 열풍이 일자 이를 악용한 경매 사기 일당이 경찰에 적발됐다.

강원지방경찰청 광역수사대는 12일 아파트 등 경매 물건을 싼값에 경락받게 해 주겠다고 속여 거액의 계약금을 받아 챙긴 혐의(사기 및 변호사법 위반 등)로 권 모(27) 씨를 구속하고 박 모(34) 씨와 이 모(35) 씨 등 15명을 불구속 입건했다.

권 씨는 지난해 7월부터 최근까지 자신이 법무사 사무실 직원인 것처럼 행세하면서 '법원 경매로 나온 중장비 등을 20~50%가량 싸게 구입해주겠다'고 속여 계약금을 받는 수법으로 한 모(42) 씨 등 6명으로부터 13억 2000만 원을 편취한 혐의를 받고 있다.

또 경매 대리업체를 운영 중인 박 씨 등은 2009년 1월부터 최근까지 부동산을 헐값에 경락받게 해주겠다는 내용의 급매 광고를 생활정보지에 내고서 이를 보고 연락해 온 서민 등을 대상으로 무자격 경매 대리영업을 통해 481건에 5억 5000여만 원의 이득을 챙긴 혐의를 받고 있다.

조사 결과 법원 부동산경매 대리 자격은 변호사, 법무사, 공인중개사 등 매수 신청 대리 자격이 있어야 가능하지만, 이들은 아무런 자격 없이 경매 대리 영업을 한 것으로 드러났다.

❤ 사기 대처법

경매는 누구나 참여할 수 있다. 하지만 대리 입찰은 자격이 제한되어 있다. 따라서 매수신청 대리인 자격이 있는지 여부를 따져봐야 한다. 매수신청대리 등 경매 컨설팅을 하기 위해선 변호사와 법무사를 제외한 공인중개사의 경우 협회에서 주관하는 관련 실무교육을 4일, 32시간 반드시 이수해야 한다. 실무 경험을 통해 지식을 가졌다고 해서 경매 컨설팅을 할 수 없는 것이다.

그런데 현실에서는 자격을 갖추지 않은 사람들이 버젓이 활동하고 있고 피해도 속출한다. 가장 대표적인 것이 '수수료 부풀리기'다. 법원 행정처가 마련한 경매 컨설팅 관련 수수료 규정을 보면 매수신청대리 수수료엔 두 가지가 있다.

먼저 매각허가결정이 확정된 경우 수수료는 감정가의 1% 이하 또는 최저매각가격의 1.5% 이하의 범위 안에서 당사자의 합의에 의해 결정된다. 매수인이 되지 못한 경우엔 50만 원의 범위 안에서 수수료를 받는다. 여기서 중요한 것은 수수료에 대한 정확한 설명을 계약 체결 전에 미리 해야 하며 이를 사건 카드에 반드시 기록해야 한다는 점이다.

벼룩시장이나 이런저런 온라인 사이트에 나온 경매 대리 광고보다는 경매가 진행되는 법원 주변 법무사 또는 변호사 사무실에서 도움을 받는 것이 가장 좋다. 경매의 특성상 낙찰 후에 거주하는 사람들과 법적인 문제까지 해결해야 하기 때문에 수수료가 비싸더라도 훨씬 안전하다.

"'봄바람' 경매시장… '바람잡이 낙찰' 경계령"

2014년 03월 25일 한국경제

경매 전문 변호사 K 씨는 '경매 바지 세우기'로 피해를 본 고객의 소송을 대리하고 있다. 바지 세우기란 경매컨설팅업체 직원이 고가 낙찰에 대한 의뢰인의 책임 추궁을 피하기 위해 들러리를 내세우는 것을 말한다. 예를 들어, 자신이 1억 500만 원을 써내 낙찰받으면서 들러리가 근소하게 낮은 1억 원 정도를 써내 2등을 하도록 하는 것이다. K 변호사 고객은 시세보다 높게 아파트를 낙찰받은 것을 뒤늦게 알고 컨설팅회사 직원을 고소했다. 조사 결과 컨설팅업체 직원이 3등까지 들러리를 세운 것으로 드러났다. 1·2·3등의 필적이 같아 바지 세우기 행위를 적발할 수 있었다.

바지 세우기 기승

25일, 경매업계에 따르면 법원 경매시장이 활기를 띠면서 바지 세우기가 기승을 부리고 있다. 경매정보업체인 지지옥션은 바지 세우기 피해 신고가 많아짐에 따라 응찰 가격을 3등까지 취재해 공개하기로 했다. 2등 들러리 세우기가 만연하고 있어서다. 2등 들러리를 세웠을 때 1·2등 가격 차이는 근소하지만 3등은 크게 낮은 경우가 많다. 3등까지 공개하면 들러리 여부를 쉽게 알 수 있게 된다.

최근에는 부실채권(NPL) 투자자들의 바지 세우기도 새롭게 등장했다. NPL을 매입한 투자자는 담보로 잡은 부동산을 경매에 붙여 이를 직접 낙찰받는 경우가 많다. 잔금 납부를 대출에 의존하는 투자자의 경우 최대한 많은 대출을 받기 위해 들러리를 세운다. 1·2등 응찰 가격 차이가 너무 크면 금융회사가 담보 가치를 낮게 잡아 돈을 적게 빌려주기 때문이다. 강은현 EH경매연구소 대표는 "NPL을 파는 유동화회사 일부 직원들이 매각을 원활하게 하기 위해 매수자에게 바지 세우기를 권하는 경우도 있다"고 지적했다.

들러리 수법도 진화 중

컨설팅업체 직원들이 바지 세우기 유혹에 빠지는 것은 수수료를 받기 위해서다. 경매 컨설턴트는 통상 감정가격의 1%나 낙찰가격의 1~2%를 수수료로 받는다. 문제는 낙찰이 안 되면 수수료를 받지 못한다는 점이다. 높은 가격을 써서라도 낙찰을 유도하는 이유다.

🛡 사기 대처법

경매 브로커들은 낙찰을 받아야 먹고 산다. 위 사기 사례처럼 1등을 만들기 위해 받아서는 안 되는 부동산경매물건(전업경매투자자가 외면하는 물건)이나 시세보다 훨씬 높은 입찰가를 쓰게끔 한다. 그리고 혹시 단독 입찰일 경우는 분쟁의 소지가 발생할 수가 있으니 바지(가짜 입찰인)을 세우는 것이다.

이 구조가 가능한 이유는 경매입찰에 응한 모든 입찰자 중에 1등을 제외한 입찰자는 입찰보증금(최저가의 10% 금액)을 확인하지 않기 때문이다. 입찰보증금은 편지봉투 규격의 봉투에 넣어서 입찰에 참여하는데 떨어진 입찰자들에게는 그냥 봉투째 돌려주는 것이 관행이므로 바지를 세우는 전략을 쓰는 것이다. 그러니 2등과 근소한 차이로 낙찰받은 것은 무의미하다.

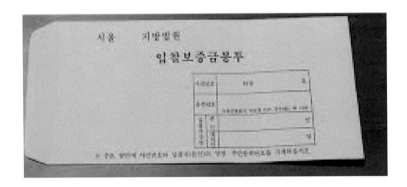

경매에서 가장 중요한 것은 시세보다 낮은 가격에 낙찰받았느냐이지 1등으로 낙찰받았느냐가 아니다. 전문용어로 부실한 경매 물건을 받아 '승자의 저주'에 빠질 수도 있으니, 무조건 브로커나 컨설팅업체

직원 등의 말만 믿고 따라가면 안 된다. 본인이 입찰할 부동산의 시세 정도는 반드시 체크하고 입찰가격만큼은 본인이 정해야 한다.

아파트인 경우는 국민은행 부동산 사이트나 국토교통부 아파트실거래가 공개 사이트에 가면 정확한 시세를 알 수 있다. 빌라나 주택의 경우에는 해당 지역 부동산 중개사무소에 전화하거나 방문해서 시세를 꼭 알아봐야 하는 것이다. 가만히 앉아서 돈을 벌수 있을 거라는 순진한 생각은 버려야 진정한 투자가가 될 수 있다.

Chapter 4
꼭 알아야 할 부동산 상식

01 주택임대차보호법

02 임대차계약 분쟁 법률 지식

03 부동산경매 진행 절차

04 부동산 정보 관련 홈페이지

01
주택임대차보호법

    주택임대차보호법의 취지는 주택임대차 보호법은 임대인 기준의 상식과 형평성보다 상대적 약자인 임차인의 보호를 목적으로 하기에 등기, 미등기, 공부상용도, 무허가 여부를 따지기보다 실제 주거 여부, 가족 모두가 실제로 생활을 했는지 여부 등을 기준으로 판단하여 주택 소유자에 비하여 상대적으로 사회적 약자인 주택임차인을 보호하기 위하여 1981년 3월 5일에 제정된 특별법으로서 국민 주거생활의 안정을 목적으로 만들어졌다. 이 법은 전·월세를 사는 모든 사람들이 꼭 알아야 한다. 어려운 용어가 많고 내용이 길어서 전부 읽기 힘들다면 빨간색으로 쓰인 부분만이라도 꼭 숙지해야 한다.

[주택임대차보호법]

[시행 2014.1.1.] [법률 제12043호, 2013.8.13., 일부개정]

제1조(목적) 이 법은 주거용 건물의 임대차賃貸借에 관하여 「민법」에 대한 특례를 규정함으로써 국민 주거생활의 안정을 보장함을 목적으로 한다.

[전문개정 2008.3.21.]

제2조(적용 범위) 이 법은 주거용 건물(이하 "주택"이라 한다)의 전부 또는 일부의 임대차에 관하여 적용한다. 그 임차주택賃借住宅의 일부가 주거 외의 목적으로 사용되는 경우에도 또한 같다.

[전문개정 2008.3.21.]

제3조(대항력 등)

① 임대차는 그 등기登記가 없는 경우에도 임차인賃借人이 주택의 인도引渡와 주민등록을 마친 때에는 그 다음 날부터 제삼자에 대하여 효력이 생긴다. 이 경우 전입신고를 한 때에 주민등록이 된 것으로 본다.

② 국민주택기금을 재원으로 하여 저소득층 무주택자에게 주거생활 안정을 목적으로 전세임대주택을 지원하는 법인이 주택을 임차한 후 지방자치단체의 장 또는 그 법인이 선정한 입주자가 그 주택을 인도받고 주민등록을 마쳤을 때에는 제1항을 준용한다. 이 경우 대항력이 인정되는 법인은 대통령령으로 정한다.

③ 「중소기업기본법」 제2조에 따른 중소기업에 해당하는 법인이 소속 직원의 주거용으로 주택을 임차한 후 그 법인이 선정한 직원이 해당 주택을 인도받고 주민등록을 마쳤을 때에는 제1항을 준용한다. 임대차가 끝나기 전에 그

직원이 변경된 경우에는 그 법인이 선정한 새로운 직원이 주택을 인도받고 주민등록을 마친 다음 날부터 제삼자에 대하여 효력이 생긴다. 〈신설 2013.8.13.〉

④ 임차주택의 양수인讓受人(그 밖에 임대할 권리를 승계한 자를 포함한다)은 임대인賃貸人의 지위를 승계한 것으로 본다. 〈개정 2013.8.13.〉

⑤ 이 법에 따라 임대차의 목적이 된 주택이 매매나 경매의 목적물이 된 경우에는 「민법」 제575조 제1항·제3항 및 같은 법 제578조를 준용한다. 〈개정 2013.8.13.〉

⑥ 제5항의 경우에는 동시이행의 항변권抗辯權에 관한 「민법」 제536조를 준용한다. 〈개정 2013.8.13.〉

제3조(대항력 등)

① 임대차는 그 등기登記가 없는 경우에도 임차인賃借人이 주택의 인도引渡와 주민등록을 마친 때에는 그 다음 날부터 제삼자에 대하여 효력이 생긴다. 이 경우 전입신고를 한 때에 주민등록이 된 것으로 본다.

② 주택도시기금을 재원으로 하여 저소득층 무주택자에게 주거생활 안정을 목적으로 전세임대주택을 지원하는 법

인이 주택을 임차한 후 지방자치단체의 장 또는 그 법인이 선정한 입주자가 그 주택을 인도받고 주민등록을 마쳤을 때에는 제1항을 준용한다. 이 경우 대항력이 인정되는 법인은 대통령령으로 정한다. 〈개정 2015.1.6.〉

③ 「중소기업기본법」 제2조에 따른 중소기업에 해당하는 법인이 소속 직원의 주거용으로 주택을 임차한 후 그 법인이 선정한 직원이 해당 주택을 인도받고 주민등록을 마쳤을 때에는 제1항을 준용한다. 임대차가 끝나기 전에 그 직원이 변경된 경우에는 그 법인이 선정한 새로운 직원이 주택을 인도받고 주민등록을 마친 다음 날부터 제삼자에 대하여 효력이 생긴다. 〈신설 2013.8.13.〉

④ 임차주택의 양수인讓受人(그 밖에 임대할 권리를 승계한 자를 포함한다)은 임대인貸貸人의 지위를 승계한 것으로 본다. 〈개정 2013.8.13.〉

⑤ 이 법에 따라 임대차의 목적이 된 주택이 매매나 경매의 목적물이 된 경우에는 「민법」 제575조 제1항·제3항 및 같은 법 제578조를 준용한다. 〈개정 2013.8.13.〉

⑥ 제5항의 경우에는 동시이행의 항변권抗辯權에 관한 「민법」 제536조를 준용한다. 〈개정 2013.8.13.〉

[시행일 : 2015.7.1.] 제3조

제3조의 2(보증금의 회수)

① 임차인(제3조 제2항 및 제3항의 법인을 포함한다. 이하 같다.)이 임차주택에 대하여 보증금반환청구소송의 확정판결이나 그 밖에 이에 준하는 집행권원執行權原에 따라서 경매를 신청하는 경우에는 집행개시執行開始요건에 관한 「민사집행법」제41조에도 불구하고 반대의무反對義務의 이행이나 이행의 제공을 집행개시의 요건으로 하지 아니한다. 〈개정 2013.8.13.〉

② 제3조 제1항·제2항 또는 제3항의 대항요건對抗要件과 임대차계약증서(제3조 제2항 및 제3항의 경우에는 법인과 임대인 사이의 임대차계약증서를 말한다)상의 확정일자確定日字를 갖춘 임차인은 「민사집행법」에 따른 경매 또는 「국세징수법」에 따른 공매公賣를 할 때에 임차주택(대지를 포함한다)의 환가대금換價代金에서 후순위권리자後順位權利者나 그 밖의 채권자보다 우선하여 보증금을 변제辨濟받을 권리가 있다. 〈개정 2013.8.13.〉

③ 임차인은 임차주택을 양수인에게 인도하지 아니하면 제2항에 따른 보증금을 받을 수 없다.

④ 제2항 또는 제7항에 따른 우선변제의 순위와 보증금에 대하여 이의가 있는 이해관계인은 경매법원이나 체납처분청에 이의를 신청할 수 있다. 〈개정 2013.8.13.〉

⑤ 제4항에 따라 경매법원에 이의를 신청하는 경우에는 「민사집행법」 제152조부터 제161조까지의 규정을 준용한다.

⑥ 제4항에 따라 이의신청을 받은 체납처분청은 이해관계인이 이의신청일부터 7일 이내에 임차인 또는 제7항에 따라 우선변제권을 승계한 금융기관 등을 상대로 소訴를 제기한 것을 증명하면 해당 소송이 끝날 때까지 이의가 신청된 범위에서 임차인 또는 제7항에 따라 우선변제권을 승계한 금융기관 등에 대한 보증금의 변제를 유보留保하고 남은 금액을 배분하여야 한다. 이 경우 유보된 보증금은 소송의 결과에 따라 배분한다. 〈개정 2013.8.13.〉

⑦ 다음 각 호의 금융기관 등이 제2항, 제3조의3 제5항, 제3조의4 제1항에 따른 우선변제권을 취득한 임차인의 보증금반환채권을 계약으로 양수한 경우에는 양수한 금액의 범위에서 우선변제권을 승계한다. 〈신설 2013.8.13.〉

1. 「은행법」에 따른 은행
2. 「중소기업은행법」에 따른 중소기업은행

3. 「한국산업은행법」에 따른 한국산업은행

4. 「농업협동조합법」에 따른 농협은행

5. 「수산업협동조합법」에 따른 수산업협동조합중앙회

6. 「우체국예금·보험에 관한 법률」에 따른 체신관서

7. 「한국주택금융공사법」에 따른 한국주택금융공사

8. 「보험업법」 제4조 제1항 제2호 라목의 보증보험을 보험종목으로 허가받은 보험회사

9. 「주택법」에 따른 대한주택보증주식회사

10. 그 밖에 제1호부터 제9호까지에 준하는 것으로서 대통령령으로 정하는 기관

⑧ 제7항에 따라 우선변제권을 승계한 금융기관 등(이하 "금융기관등"이라 한다)은 다음 각 호의 어느 하나에 해당하는 경우에는 우선변제권을 행사할 수 없다. 〈신설 2013.8.13.〉

1. 임차인이 제3조 제1항·제2항 또는 제3항의 대항요건을 상실한 경우

2. 제3조의3 제5항에 따른 임차권등기가 말소된 경우

3. 「민법」 제621조에 따른 임대차등기가 말소된 경우

⑨ 금융기관등은 우선변제권을 행사하기 위하여 임차인을 대리하거나 대위하여 임대차를 해지할 수 없다. 〈신설 2013.8.13.〉

[시행일 : 2015.7.1.] 제3조의2

제3조의3(임차권등기명령)

① 임대차가 끝난 후 보증금이 반환되지 아니한 경우 임차인은 임차주택의 소재지를 관할하는 지방법원·지방법원지원 또는 시·군 법원에 임차권등기명령을 신청할 수 있다. 〈개정 2013.8.13.〉

② 임차권등기명령의 신청서에는 다음 각 호의 사항을 적어야 하며, 신청의 이유와 임차권등기의 원인이 된 사실을 소명疎明하여야 한다. 〈개정 2013.8.13.〉

  1. 신청의 취지 및 이유

  2. 임대차의 목적인 주택(임대차의 목적이 주택의 일부분인 경우에는 해당 부분의 도면을 첨부한다)

  3. 임차권등기의 원인이 된 사실(임차인이 제3조 제1항·제2항 또는 제3항에 따른 대항력을 취득하였거나 제3조의 2 제2항에 따른 우선변제권을 취득한 경우에는 그 사실)

  4. 그 밖에 대법원규칙으로 정하는 사항

③ 다음 각 호의 사항 등에 관하여는 「민사집행법」 제280조 제1항, 제281조, 제283조, 제285조, 제286조, 제288조 제1항·제2항 본문, 제289조, 제290조 제2항 중 제288조 제1

항에 대한 부분, 제291조 및 제293조를 준용한다. 이 경우 "가압류"는 "임차권등기"로, "채권자"는 "임차인"으로, "채무자"는 "임대인"으로 본다.

1. 임차권등기명령의 신청에 대한 재판
2. 임차권등기명령의 결정에 대한 임대인의 이의신청 및 그에 대한 재판
3. 임차권등기명령의 취소신청 및 그에 대한 재판
4. 임차권등기명령의 집행

④ 임차권등기명령의 신청을 기각棄却하는 결정에 대하여 임차인은 항고抗告할 수 있다.

⑤ 임차인은 임차권등기명령의 집행에 따른 임차권등기를 마치면 제3조 제1항·제2항 또는 제3항에 따른 대항력과 제3조의2 제2항에 따른 우선변제권을 취득한다. 다만, 임차인이 임차권등기 이전에 이미 대항력이나 우선변제권을 취득한 경우에는 그 대항력이나 우선변제권은 그대로 유지되며, 임차권등기 이후에는 제3조 제1항·제2항 또는 제3항의 대항요건을 상실하더라도 이미 취득한 대항력이나 우선변제권을 상실하지 아니한다. 〈개정 2013.8.13.〉

⑥ 임차권등기명령의 집행에 따른 임차권등기가 끝난 주택(임대차의 목적이 주택의 일부분인 경우에는 해당 부분으로 한정한다)을 그 이후에 임차한 임차인은 제8조에 따른 우선변제를 받을 권리가 없다.

⑦ 임차권등기의 촉탁囑託, 등기관의 임차권등기 기입記入 등 임차권등기명령을 시행하는 데에 필요한 사항은 대법원규칙으로 정한다. 〈개정 2011.4.12.〉

⑧ 임차인은 제1항에 따른 임차권등기명령의 신청과 그에 따른 임차권등기와 관련하여 든 비용을 임대인에게 청구할 수 있다.

⑨ 금융기관등은 임차인을 대위하여 제1항의 임차권등기명령을 신청할 수 있다. 이 경우 제3항·제4항 및 제8항의 "임차인"은 "금융기관등"으로 본다. 〈신설 2013.8.13.〉

[전문개정 2008.3.21.]

제3조의4(「민법」에 따른 주택임대차등기의 효력 등)

① 「민법」 제621조에 따른 주택임대차등기의 효력에 관하여는 제3조의3 제5항 및 제6항을 준용한다.

② 임차인이 대항력이나 우선변제권을 갖추고 「민법」 제621

조 제1항에 따라 임대인의 협력을 얻어 임대차등기를 신청하는 경우에는 신청서에 「부동산등기법」 제74조 제1호부터 제5호까지의 사항 외에 다음 각 호의 사항을 적어야 하며, 이를 증명할 수 있는 서면(임대차의 목적이 주택의 일부분인 경우에는 해당 부분의 도면을 포함한다)을 첨부하여야 한다.

〈개정 2011.4.12.〉

1. 주민등록을 마친 날
2. 임차주택을 점유占有한 날
3. 임대차계약증서상의 확정일자를 받은 날

제3조의5(경매에 의한 임차권의 소멸) 임차권은 임차주택에 대하여 「민사집행법」에 따른 경매가 행하여진 경우에는 그 임차주택의 경락競落에 따라 소멸한다. 다만, 보증금이 모두 변제되지 아니한, 대항력이 있는 임차권은 그러하지 아니하다.

[전문개정 2008.3.21.]

제3조의6(확정일자 부여 및 임대차 정보제공 등)

① 제3조의2 제2항의 확정일자는 주택 소재지의 읍·면사무소, 동 주민센터 또는 시(특별시·광역시·특별자치시는 제외하고, 특별자치도는 포함한다)·군·구(자치구를 말한다)의 출장소, 지방법원 및 그 지원과 등기소 또는 「공증인법」에 따른 공증인(이하 이 조에서 "확정일자부여기관"이라 한다)이 부여한다.

② 확정일자부여기관은 해당 주택의 소재지, 확정일자 부여일, 차임 및 보증금 등을 기재한 확정일자부를 작성하여야 한다. 이 경우 전산처리정보조직을 이용할 수 있다.

③ 주택의 임대차에 이해관계가 있는 자는 확정일자부여기관에 해당 주택의 확정일자 부여일, 차임 및 보증금 등 정보의 제공을 요청할 수 있다. 이 경우 요청을 받은 확정일자부여기관은 정당한 사유 없이 이를 거부할 수 없다.

④ 임대차계약을 체결하려는 자는 임대인의 동의를 받아 확정일자부여기관에 제3항에 따른 정보제공을 요청할 수 있다.

⑤ 제1항·제3항 또는 제4항에 따라 확정일자를 부여받거나 정보를 제공받으려는 자는 수수료를 내야 한다.

⑥ 확정일자부에 기재하여야 할 사항, 주택의 임대차에 이해관계가 있는 자의 범위, 확정일자부여기관에 요청할 수 있는 정보의 범위 및 수수료, 그 밖에 확정일자부여사무와 정보제공 등에 필요한 사항은 대통령령 또는 대법원규칙으로 정한다.

제4조(임대차기간 등)

① 기간을 정하지 아니하거나 2년 미만으로 정한 임대차는 그 기간을 2년으로 본다. 다만, 임차인은 2년 미만으로 정한 기간이 유효함을 주장할 수 있다.

② 임대차기간이 끝난 경우에도 임차인이 보증금을 반환받을 때까지는 임대차관계가 존속되는 것으로 본다.

제6조(계약의 갱신)

① 임대인이 임대차기간이 끝나기 6개월 전부터 1개월 전까지의 기간에 임차인에게 갱신거절更新拒絶의 통지를 하지 아니하거나 계약조건을 변경하지 아니하면 갱신하지 아니한다는 뜻의 통지를 하지 아니한 경우에는 그 기간이 끝난 때에 전 임대차와 동일한 조건으로 다시 임대차한 것으로 본다. 임차인이 임대차기간이 끝나기 1개월 전까지 통지하지 아니한 경우에도 또한 같다.

② 제1항의 경우 임대차의 존속기간은 2년으로 본다. 〈개정 2009.5.8.〉

③ 2기期의 차임액借賃額에 달하도록 연체하거나 그 밖에 임차인으로서의 의무를 현저히 위반한 임차인에 대하여는 제

1항을 적용하지 아니한다.

[전문개정 2008.3.21.]

제6조의2(묵시적 갱신의 경우 계약의 해지)

① 제6조 제1항에 따라 계약이 갱신된 경우 같은 조 제2항에
　도 불구하고 임차인은 언제든지 임대인에게 계약해지契約
　解止를 통지할 수 있다. 〈개정 2009.5.8.〉

② 제1항에 따른 해지는 임대인이 그 통지를 받은 날부터 3
　개월이 지나면 그 효력이 발생한다.

제7조(차임 등의 증감청구권) 당사자는 약정한 차임이나 보증금이
임차주택에 관한 조세, 공과금, 그 밖의 부담의 증감이나 경제
사정의 변동으로 인하여 적절하지 아니하게 된 때에는 장래에
대하여 그 증감을 청구할 수 있다. 다만, 증액의 경우에는 대
통령령으로 정하는 기준에 따른 비율을 초과하지 못한다.

[전문개정 2008.3.21.]

제7조의2(월차임 전환 시 산정률의 제한) 보증금의 전부 또는 일부
를 월 단위의 차임으로 전환하는 경우에는 그 전환되는 금
액에 다음 각 호 중 낮은 비율을 곱한 월차임月借賃의 범위를
초과할 수 없다. 〈개정 2010.5.17., 2013.8.13.〉

1. 「은행법」에 따른 은행에서 적용하는 대출금리와 해당 지역의 경제 여건 등을 고려하여 대통령령으로 정하는 비율
2. 한국은행에서 공시한 기준금리에 대통령령으로 정하는 배수를 곱한 비율

제8조(보증금 중 일정액의 보호)

① 임차인은 보증금 중 일정액을 다른 담보물권자擔保物權者보다 우선하여 변제받을 권리가 있다. 이 경우 임차인은 주택에 대한 경매신청의 등기 전에 제3조 제1항의 요건을 갖추어야 한다.

② 제1항의 경우에는 제3조의2 제4항부터 제6항까지의 규정을 준용한다.

③ 제1항에 따라 우선변제를 받을 임차인 및 보증금 중 일정액의 범위와 기준은 제8조의2에 따른 주택임대차위원회의 심의를 거쳐 대통령령으로 정한다. 다만, 보증금 중 일정액의 범위와 기준은 주택가액(대지의 가액을 포함한다)의 2분의 1을 넘지 못한다. 〈개정 2009.5.8.〉

제8조의2(주택임대차위원회)

① 제8조에 따라 우선변제를 받을 임차인 및 보증금 중 일정액의 범위와 기준을 심의하기 위하여 법무부에 주택임대

차위원회(이하 "위원회"라 한다)를 둔다.

② 위원회는 위원장 1명을 포함한 9명 이상 15명 이하의 위원으로 구성한다.

③ 위원회의 위원장은 법무부차관이 된다.

④ 위원회의 위원은 다음 각 호의 어느 하나에 해당하는 사람 중에서 위원장이 위촉하되, 다음 제1호부터 제5호까지에 해당하는 위원을 각각 1명 이상 위촉하여야 하고, 위원 중 2분의 1 이상은 제1호·제2호 또는 제6호에 해당하는 사람을 위촉하여야 한다. 〈개정 2013.3.23.〉

1. 법학·경제학 또는 부동산학 등을 전공하고 주택임대차 관련 전문지식을 갖춘 사람으로서 공인된 연구기관에서 조교수 이상 또는 이에 상당하는 직에 5년 이상 재직한 사람

2. 변호사·감정평가사·공인회계사·세무사 또는 공인중개사로서 5년 이상 해당 분야에서 종사하고 주택임대차 관련 업무경험이 풍부한 사람

3. 기획재정부에서 물가 관련 업무를 담당하는 고위공무원단에 속하는 공무원

4. 법무부에서 주택임대차 관련 업무를 담당하는 고위공무원단에 속하는 공무원(이에 상당하는 특정직 공무원을 포함한다)

5. 국토교통부에서 주택사업 또는 주거복지 관련 업무를 담당하는 고위공무원단에 속하는 공무원

6. 그 밖에 주택임대차 관련 학식과 경험이 풍부한 사람으로서 대통령령으로 정하는 사람

⑤ 그 밖에 위원회의 구성 및 운영 등에 필요한 사항은 대통령령으로 정한다.

[본조신설 2009.5.8.]

제9조(주택 임차권의 승계)

① 임차인이 상속인 없이 사망한 경우에는 그 주택에서 가정공동생활을 하던 사실상의 혼인 관계에 있는 자가 임차인의 권리와 의무를 승계한다.

② 임차인이 사망한 때에 사망 당시 상속인이 그 주택에서 가정공동생활을 하고 있지 아니한 경우에는 그 주택에서 가정공동생활을 하던 사실상의 혼인 관계에 있는 자와 2촌 이내의 친족이 공동으로 임차인의 권리와 의무를 승계한다.

③ 제1항과 제2항의 경우에 임차인이 사망한 후 1개월 이내에 임대인에게 제1항과 제2항에 따른 승계 대상자가 반대 의사를 표시한 경우에는 그러하지 아니하다.

④ 제1항과 제2항의 경우에 임대차 관계에서 생긴 채권·채무는 임차인의 권리의무를 승계한 자에게 귀속된다.

제10조(강행규정) 이 법에 위반된 약정約定으로서 임차인에게 불리한 것은 그 효력이 없다.

제10조의2(초과 차임 등의 반환청구) 임차인이 제7조에 따른 증액비율을 초과하여 차임 또는 보증금을 지급하거나 제7조의2에 따른 월차임 산정률을 초과하여 차임을 지급한 경우에는 초과 지급된 차임 또는 보증금 상당금액의 반환을 청구할 수 있다.

[본조신설 2013.8.13.]

제11조(일시사용을 위한 임대차) 이 법은 일시사용하기 위한 임대차임이 명백한 경우에는 적용하지 아니한다.

제12조(미등기 전세에의 준용) 주택의 등기를 하지 아니한 전세계약에 관하여는 이 법을 준용한다. 이 경우 "전세금"은 "임대차의 보증금"으로 본다.

제13조(「소액사건심판법」의 준용) 임차인이 임대인에 대하여 제기하는 보증금반환청구소송에 관하여는 「소액사건심판법」 제6조, 제7조, 제10조 및 제11조의2를 준용한다.

02
임대차계약 분쟁 법률 지식

    살아가면서 경험하고 싶지 않지만 피해 갈 수 없는 이런저런 임대차계약, 매매계약, 투자계약 분쟁. 누구한테 물어봐야 되는지도 잘 모르겠다는 이들(특히 사회 초년생들)의 대답에서 이런 정보를 정리하게 된다.

1) 내용증명

    임차계약을 종료하겠다는 내용을 수신인, 발신인, 제목, 내용 등으로 기입한 우편의 일종이다. 서식이 따로 정해진 것인 없다. 누가 누구에게 무엇 때문에 보냈는지 작성 후 2장을 복사해서 인근 우체국에 요청하면 1장은 수신인에게 등기로 보내고, 1장은 우체국이 보관, 나머지 1장은 발신인에게 준다. 내용증명은 나중에 법률적인 문제가 생겼을 경우 근거 자료가 된다.

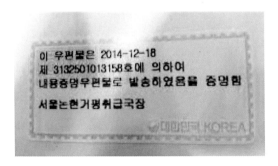

내 용 증 명

발신: 서울시 종로구 OOO, 108호 김내용
수신: 경기도 부천시 OOO, 205호 나길동

제목: 임대차계약 연장 거부의 건

1. 귀하가 임대하신 종로구 OOO. 108호에 대한 임대차계약이 2015년 5월 30일에 종료되는바 임차인인 김내용은 개인 사정상 다른 곳으로 이사를 하고자 합니다.

2. 이에 발신인은 계약 종료 3개월 전 오늘 귀하에게 임대차계약 연장을 하지 않음을 알려드리고자 합니다. 또한 발신인이 이사하는 시점에 발신인이 수신인에게 보증금으로 맡긴 일금오천만 원(50,000,000)의 반환을 요청드리오니 착오 없으시길 바랍니다.

3. 2년 동안 귀하 소유의 부동산에서 좋은 추억만을 가지고 떠나게 되어 감사드립니다.

2015년 2월 28일

2) 임차권등기

임차인이 임대차기간이 만료되었음에도 보증금을 돌려받지 못하고 이사하게 되면 종전에 취득하였던 대항력 및 우선변제권이 상실되므로 보증금을 돌려받기 어려워진다. 이러한 문제를 해결하기 위한 제도로 임차권 등기를 신청하게 되면 임차인에게 대항력(임차 권리) 및 우선변제권을 유지하면서 임대차건물에도 자유롭게 이사할 수 있다. 임차인이 임차권등기명령의 집행에 따른 임차권 등기를 마치면 대항력과 우선변제권을 취득하게 된다. 임대차등기명령은 임대차가 종료된 후 보증금을 받지 못한 임차인만이 신청할 수 있으며 관할법원에서 신청을 할 수 있다.

준비해서 제출할 서류가 몇 가지!

1. 건물등기부등본
2. 주민등록등본, 초본
3. 임대차계약서 복사본
4. 확정일자가 찍힌 계약서 원본
5. 건물도면 (직접 그리면 됨) 5부
6. 임대차계약갱신거절 통지서 또는 해지 통지서 (내용증명)

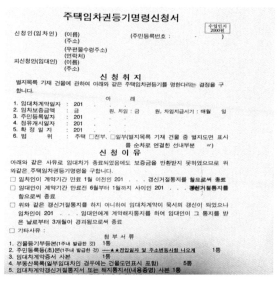

〈임차권등기명령신청서 양식〉

3) 지급명령

내용증명을 보냈는데 아무런 답이 없을 때는 또 어찌해야 하는지 알아야 한다. 내용증명과 관련 계약서를 가지고 관할 법원에 지급명령을 신청하면 된다. 이의 신청을 하면 복잡해지기 때문에 지급명령 신청은 상대방이 이의신청을 하지 않을 상황에만 하는 것이 좋다.

지급명령에는 당사자·법정대리인, 청구의 취지나 원인을 기재하고, 채무자가 지급명령이 송달된 날로부터 2주일 내에 이의신청을 할 수 있음을 부기하여야 한다(민사소송법 468조). 지급명령에 대해서는 청구의 가액에 불구하고 지방법원 단독판사의 직분관할에 전속하며, 토지관할은 채무자의 보통 재판 소재지나 사무소 또는 영업소 소재지 법원의 전속관할이다.

지급명령에는 당사자·법정대리인, 청구의 취지나 원인을 기재하고, 채무자가 지급명령이 송달된 날로부터 2주일 내에 이의신청을 할 수 있음을 부기하여야 한다(민사소송법 468조). 지급명령에 대하여는 이의를 신청할 수 있으며(민사소송법 469조2항), 채무자의 이의신청이 있으면 지급명령은 이의의 범위 안에서 그 효력을 잃는다(민사소송법 470조).

이의신청이 부적법한 경우에는 법원은 이를 결정으로 각하하여야 하고, 적법한 이의신청이 있으면 독촉절차는 보통의 소송절차로 이행하며, 지급명령을 신청한 때에는 소를 제기한 것으로 본다(민사소송법 472조).

상대방이 2주 동안 이의하지 않으면 법원은 신청한 명령을 확정하여 지급명령은 집행력이 있고, 채무명의가 되며, 집행문을 부여받으면 강제집행이 가능하게 된다. 즉, 이 집행문으로 강제 경매신청을 할 무기를 가진다는 의미이다.

지급명령신청에서의 장점은 그 비용이 절감된다는 것이다. 신청 시에는 서면 또는 구술로 할 수 있으나, 실무적으로는 서면으로 제출하게 되는데, 이때 신청서에는 일반 민사소송에서서 첨부하는 인지액의 1/10만 납입하면 된다.

지급명령신청

　　채무자 주소지 등　　지급명령신청서 작성 (소장에 준하여 작성)
　　관할법원에 제출　　입증방법(증거자료)첨부
　　　　　　　　　　　자격증명자료(법인등기부등본 등) 첨부
　　　　　　　　　　　위임장(대리인이 제출하는 경우)

서 면 심 리

　　각하결정 (관할위반 등)

결　　정

송　　달

　　주소보정(재송달, 집행관 등 송달)

　　제소신청(주소보정이 불가능할 때)

　　2주내에 이의

집행문이나 송달, 확정　　확　　정　　각하
증명원 없이도　　　　　　　　　　　　취하
강제집행 가능

　　　　　　　　　　　통상의 소송절차로 이행

지 급 명 령 신 청 서

채 권 자　　(이름)　　　　　(주민등록번호　　　　-　　　)
　　　　　　(주소)
　　　　　　(연락처)
채 무 자　　(이름)　　　　　(주민등록번호　　　　-　　　)
　　　　　　(주소)

청 구 취 지

채무자는 채권자에게 아래 청구금액을 지급하라는 명령을 구함

　1. 금　　　　　원
　2. 위 1항 금액에 대하여 이 사건 지급명령정본이 송달된 다음날부터 갚는 날까지
　　　연　　　%의 비율에 의한 지연손해금

독촉절차비용

　금　　　　원(내역 : 송달료　　　　원, 인지대　　　　원)

청 구 원 인

첨 부 서 류

1.
2.

　　　　　　　　　　20　.　.　.
　　　　　채권자　　　　　(날인 또는 서명)
　　　　　(연락처　　　　　　　　)

　　　　　　　　　　　　　　　　지방법원 귀중

◇ 유 의 사 항 ◇

1. 채권자는 연락처란에는 언제든지 연락 가능한 전화번호나 휴대전화번호(팩스번호, 이메일 주소 등도 포함)를 기재하기 바랍니다.
2. 이 신청서를 접수할 때에는 당사자 1인당 4회분의 송달료를 현금으로 송달료수납은행에 예납하여야 합니다.

〈지급명령신청서 양식〉

03
부동산경매 진행 절차

내가 살고 있는 집에 경매가 진행된다는 통지문이 왔다. 경매라는 제도가 언제, 무엇이, 어떻게 진행되는지 알아야 대처할 수 있겠다. 경매에 진행되는 과정을 보면 자세히 알 수 있다.

사례 1

대한은행은 2014년 1월 서울시 마포구에 위치한 마포아파트(시세 3억 원)를 담보로 1억 5000만 원을 대출해 주었다. 소유주 김길동이 2014년 5월부터 대출이자를 연체하자 대한은행 대출 담당자는 김길동과 여러 차례 연락을 취했으나 연락이 닿지 않았다.

대출이자 납입이 3개월 동안 이어지지 않자 2014년 8월 대한은행은 이 물건에 대해 대출금 회수 절차에 들어갔다.

대한은행이 해당 법원에 경매신청을 한 후 3개월이 지난 2014년 11월, 마포아파트에 전세 세입자 오난감 씨는 법원에서 보낸 경매개시안 내문을 받아본다.

2014년 3월에 입주한 오난감 씨는 법원에 임차인임을 입증하는 서류(확정일자가 찍힌 임대차계약서, 주민등록등본, 보증금송금내역) 등을 가지고 가서 배당요구(배당요구종기일 이전까지 꼭 해야 하는 절차)를 한다.

한 달이 지난 2014년 12월, 감정가 3억 원에 최초 경매가 진행되지만 유찰된다. 이후 한 달이 또 지나 2015년 1월, 최초 감정가의 20%가 떨어진 2억 4천만 원에 2차 경매가 진행되고, 7명의 경쟁 끝에 2억 8천만 원에 낙찰되었다.

2015년 2월, 법원에서는 오난감 씨에게 배당을 신청하라는 안내문을 보낸다. 오난감 씨는 전세 보증금 1억 5000만 원을 다 받을 것이라 생각하고 있었지만 그렇지 않았다.

〈법원 배당 순위 결과〉
1순위: 1,000,000원 (법원경매 비용)
2순위: 153,000,000원 (대한은행 채권, 이자 포함)
3순위: 126,000,000원 (임차인 오난감)

오난감 씨는 1년도 채 살지 않은 집에서 24,000,000원이라는 재산을 손해 보게 된다. 경매가 시작되기 3개월 전에는 대출을 진행해 준 은행과 집주인만 알고 있는 기간이다. 세입자는 그 이후부터 경매가 진행되는 것을 알 수 있다.

세입자는 보증금을 돌려받을 수 있으려면 대출이자 연체가 발생하고 약 8개월, 경매가 진행되고 최소 6개월이 지나야만 한다는 것이다. 배당을 받으려면 꼭 배당요구종기일(경매계에서 배당신청을 받는 마지막 날) 이전에 배당을 신청해야 하고, 이 기간이 지나면 배당을 받지 못하게 된다.

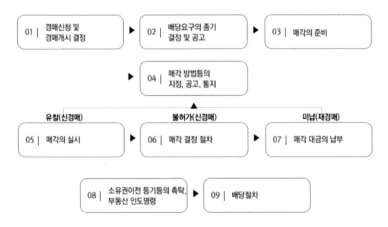

〈부동산경매 진행 절차〉

04

부동산 정보 관련 홈페이지

1) 국토교통부 실거래가

http://rt.molit.go.kr

→ 주거용 부동산 매매, 전·월세 실거래가 가격 자료

2) 국민은행 부동산

http://nland.kbstar.com/quics?page=rstar

→ 전국 아파트 시세 정보

3) 부동산 공시가격 알리미

http://www.kreic.org

→ 토지, 주택 가격 정보 제공

4) 전월세지원센터

http://jeonse.lh.or.kr

→ 전, 월세 정보, 대학생 전세임대 정보, 법률 상담, 금융·대출 상담 정보

5) 인터넷등기소

http://www.iros.go.kr/PMainJ.jsp

→ 부동산 등기부등본 발급, 열람

6) 민원 24

http://www.minwon.go.kr

→ 건축물대장 발급, 열람

7) 온나라 부동산 정보 포털

http://www.onnara.go.kr

→ 공시지가, 토지이용계획확인서 열람, 부동산 개발 정보

8) 대한법률구조공단

http://klac.or.kr/main.jsp

→ 부동산거래 피해자 법률지원

9) 서울보증보험

www.sgic.co.kr

→ 전세금보증금 구제 (전세금보장신용보험)

10) 대한주택보증

www.khgc.co.kr

→ 전세금보증금 구제 (전세보증금반환보증)

epilogue

책을 쓰는 동안 경매로 낙찰받은 인천 효성동 빌라에 갔다.

근처 슈퍼에서 음료수 한 박스를 사 들고 현관문을 두드렸더니 얼굴색이 안 좋으신 아주머니 한 분이 문을 열어주었다.

60대 중반 정도 보이는 부부가 살고 계셨다.

미리 연락을 주고받긴 했지만 가는 저나 맞는 그분들도 어색하긴 마찬가지였다.

차가 놓인 작은 상을 마주 보고 앉았다.

"채무자 이OO가 누구세요?"

"네, 제 딸입니다."

"근데 왜 전입신고도 안 하고 사셨어요?"

"그게… IMF 때 부도를 맞아서 저희 부부가 신불 상태라…"

"네. 그래서 따님 명의로 해놓으셨군요?"

"그렇습니다. 근데 이 녀석이 바보같이 가게가 어렵다고 사채를 썼다네요."

.

.

.

"어르신! 그런데 빨리 전화 주시지 5일 만에 전화 주셨어요?"

"그게 뭘 어찌해야 할지 몰라서 여기저기 물어보느라…"

"두 분 다 일은 하세요?"

"아뇨, 집사람은 몸이 안 좋아서, 제가 막노동합니다."

"여기서는 얼마나 사셨어요?"

"7년 정도 살았어요, 여기저기 고쳐가며…"

.

.

.

부부의 이런저런 사정을 들어보니 자식들도 고만고만하게 살고 있어 누구 의지할 사람 하나 없이 오래된 빌라에 살고 있는 상황이었다.

아주머니 눈가가 촉촉해져 가고, 음료수 하나가 비워질 무렵,

"계속 여기서 사셔야겠네요? 상황이!"

"그리하면 저희야 좋지요. 전세나 월세로 가능할까요?"

"두 분이 어떤 게 좋을지 논의하시고 일주일 안에 연락 주세요."

집안 여기저기를 둘러본 후에 그 집을 나왔다.

일주일 뒤 그분들은 전세로 살기를 원하셨고 본인들의 명의로는 계약 자체가 어려우니 친척 이름으로 계약을 하기로 해서 만났다.

계약서에 도장을 찍은 뒤 노부부와 명의를 빌려주신 친척분에게 말을 건넸다.

"제가 낙찰자인지 아닌지 확인 안 하세요?"

"그런 게 있나요?"

"제가 나쁜 맘 먹고 낙찰자가 아닌데 낙찰자인 것처럼 속였다면 어르신들은 그냥 보증금 수천만 원을 날리게 됩니다."

"그거야 믿고 가는 거지요!"

"아니요, 믿고 가기 전에 확인하고 가셔야죠!"

법원에서 최고가매수인 확인증에 제 이름이 있는 걸 보여드리고 나서 전세보증금을 계좌로 송금해 달라고 요청했다.

세상은 이렇듯 나이가 많이 드신 분들도 수천만 원이 오가는 거래를 허술하게 진행한다. 수조 원의 재산을 가진 세계적인 투자가 '워런 버핏'에게는 몇 가지 투자원칙이 있었다.

첫 번째, 돈을 잃지 않는다.
두 번째, 첫 번째 원칙을 지킨다.

이 책에 많은 부분에 썼듯이 재테크의 기본은 돈을 버는 것이 아니라 지키는 것이다. 아무쪼록 이 페이지를 읽는 독자들이, 부동산 거래의 기본원칙을 잘 습득하여 진정한 재테크를 하길 바라는 마음으로 글을 마친다.

끝으로, 글을 쓰는 데 지지를 해준 와이프와 딸, 아들 그리고 지인들, 추천사를 써주신 김일 소장님, 박종태 교수님, 이정훈 기자님에게 진심으로 감사하다는 말씀을 드립니다.